20年炒股
实战高手

教你轻松
炒股票

操盘手记

分时图

交易实战精解

陈培树 著

人民邮电出版社
北京

图书在版编目（CIP）数据

操盘手记. 分时图交易实战精解 / 陈培树著. -- 北
京：人民邮电出版社，2018.5
ISBN 978-7-115-47901-3

Ⅰ. ①操… Ⅱ. ①陈… Ⅲ. ①股票交易－基本知识
Ⅳ. ①F830.91

中国版本图书馆CIP数据核字(2018)第032794号

内 容 提 要

短线交易需要正确地解读盘面信息，其中，分时图呈现了多空双方的实时交锋情况，体现了多
空力量的对比格局。

本书以各种各样的分时图形态为核心内容，结合A股市场的最新走势及案例，讲解了主力的行为、
多空力量的转变、题材的炒作、个股的波动方向等知识。本书以实战为核心，以各式分时图形态为
线索，全面讲解了如何利用分时图把握股价波动的规律，对于每一种具体的分时图形态，都通过"形
态特征""形态解读""买卖点判定""实战指南""小贴士"这5个环节来综合讲解，既让读者容易理解，也
体现了本书的清晰逻辑架构。

本书在力求系统性、全面性的同时，又本着简单化、便捷化的原则撰写，让每一位读者只需花
费很少的时间，就可以学到分时图的相关知识，提升自己的股票操作水平。

◆ 著　　　　陈培树
　责任编辑　李士振
　责任印制　周昇亮

◆ 人民邮电出版社出版发行　北京市丰台区成寿寺路 11 号
　邮编 100164　电子邮件 315@ptpress.com.cn
　网址 http://www.ptpress.com.cn
　固安县铭成印刷有限公司印刷

◆ 开本：700×1000　1/16
　印张：15　　　　　　　　　　2018 年 5 月第 1 版
　字数：248 千字　　　　　　　2025 年 9 月河北第 41 次印刷

定价：59.80 元
读者服务热线：(010)81055296　印装质量热线：(010)81055316
反盗版热线：(010)81055315

　　股票交易的核心是什么？一笔交易的胜算是多大？投资者应该选择长期持有，还是短线交易？随着A股市场交易制度的不断完善，我们的交易技术又应如何改进？

　　可以说，股票交易看似一买一卖两个简单的操作，但是，要想从股市中获取稳定，甚至是不菲的利润，绝非易事。但是，炒股也并非就是拼运气，如果我们能更好地理解股市交易的实质，看懂价格走势的轨迹，是可以提高成功率，实现稳定回报的。炒股的回报率远高于其他的理财产品，其风险在我们交易能力的控制之内。当我们的交易技术得到较大提升后，就可以开展"以较低的风险来搏取较大利润"的交易了。

　　那么，如何提升交易能力呢？股市的走向充满着变数，而个股的表现更是让人眼花，有的股票在"任性"上涨，有的则一路狂跌。怎么把握机会股，规避风险股呢？这就需要投资者不断地学习股市交易技术。在所有的交易技术中，分时图的重要性不亚于最为基础的"量价"。另外，从超短线交易的角度来看，分时图还有着不可替代的核心性。

　　在技术分析领域，技术分析手段多种多样，例如量价分析、K线形态分析、主力行为分析、筹码形态分析等。它们侧重于不同的市场信息，各有特点，实用性也较强。但是，在预测股价的短期波动上，特别是预测最近几日的价格走向上，上述分析手段灵敏性往往不够突出，在面对股价快速波动时，常常显得力不从心，而这正是分时图的强项。分时图体现了多空力量的盘中实时转变，一旦解读出其中的市场含义就可以用它准确地预测次日及随后几日的运行情况，因此分时图堪称超短线交易利器。这也是我们学习分时图的原因。

　　学习分时图是为了短线交易，特别是超短线交易。也许有的读者会这样想，我可以选择中长线持股，这样省心省力，也能享受股市的回报，但实际情况往往并不是这样的。回顾股市十多年的运行轨迹，我们发现大盘指数依旧在3 000点附近徘徊，大多数股票跟随着指数波动也是起起落落，最终也没能实现股价的稳步上涨。虽然有一些白马股因业绩稳定增长而跨越了这种牛熊交替的格局，但相对于几千只体量的股票来说，毕竟只是极少数，我们买中的概率是小之又小。可以说，在股市的起落中，如果我们不选择波段操作、短线交易的话，是很难从股市获取利润的，甚至还有可能出现亏损。这也是人们常说的"炒股者七亏两赚一平"的体现。

本书就是基于股市运行规律，以短线交易为核心指导思想，以分时图为技术分析手段，力图通过形态各异、特征鲜明的分时图，呈现市场多空双方的交锋情况以及力量转换，进而帮助读者在这个看似变幻莫测、实则有规律可循的市场中把握交易时机，提高成功率，进而构筑一个稳健的股市交易获利系统。

陈培树

第 1 章　分时交易基础知识

第2章　分时交易必备量价知识

第3章　盘口分时深度解读

第 4 章 分时图追踪主力操盘

第 5 章　盘口量能

第 6 章　分时波动中的买入点

第 7 章　分时波动中的卖出点

第 8 章　涨停分时中的买卖点

第 9 章　构建分时图交易系统

第1章

分时交易基础知识

　　分时图呈现着多空双方的实时交锋过程，从分时图上看，它有多种盘口信息是我们需要了解和关注的。例如，核心的要素是分时线，它是股价实时走势的反映，此外还有分时量、均价线、委托单成交细节、个股分时图与大盘分时图的区别等内容。这些都是我们利用分时图展开实际操作前应学习的基础性知识。本章中，我们以打基础为目的，以分时图为核心来讲解这些基本知识点。

1.1 集合竞价

　　集合竞价是指个股在当日开盘交易前，投资者基于前一个交易日个股的收盘价及当日个股的预期走势进行申报买入或卖出的行为。在集合竞价时间段，投资者可以进行买卖申报，并最终确立当日的开盘价。在集合竞价期间，即时行情实时揭示了集合竞价参考价格。

1.1.1　挂单与撤单时间

可撤单的时间段（9:20之前）

在9:20之前，买卖申报可以自由撤销，因而，这个时间段的集合竞价往往极为不准。如果个股在没有消息面、题材面配合的情况下，在这个时间段出现了远远偏离前一个交易日收盘价的竞价，投资者不必过于紧张，因为在9:20之后竞价就会被修正。

不可撤单的时间段（9:20~9:30）

对于沪、深A股来说，每个交易日9:20～9:30开盘前则不可以撤销申报，但可以进行申报。

至9:25，集合竞价结束，沪深证交所的电脑主机以每个股票最大成交量的价格来确定个股的开盘价格。9:25这一刻，我们就可以看到当日的开盘价及集合竞价撮合成交的数量。

确立开盘价

每个交易日的9:15~9:25为集合竞价时间段。在这段时间里，输入计算机的所有价格都是平等的，不需要按照时间优先和价格优先的原则交易，而是按最大成交量的原则来定出股票的当日开盘价。

1.1.2　压单或托单变化

关注9:20~9:25这个时间段

9:20之后，由于无法撤销申报，所以这时的买卖申报更真实。我们应密切关注这个时间段（9:20～9:25）的托单或压单变化，特别是对于近期股价波动较大，或有消息公布的个股，需要尤其关注，因为在集合竞价时间段，我们或许就要做出短线上的买卖决策。

如果发现集合竞价的价格在一点点上升，且委买单较大，则个股开盘后直接冲高的概率更大；反之，如果发现集合竞价的价格在一点点下降，且委卖单较大，则个股开盘后直接下压的概率更大。

9:25~9:30可以酌情挂单

到了9:25，我们可以看到开盘价及成交量，以及委买盘、委卖盘的挂单情况，此时，可以结合个股走势、消息面等因素来决定是否在9:30前即申报买卖。因为9:30开盘后的股价变化非常快，如果个股大幅高开，很可能在开盘瞬间就上冲至涨停板，等到9:30分后再挂出买入单，无疑将错失追涨时机。此时，需要投资者预判个股开盘后的运行走势，才可以在这个时间段提前挂单买卖。

1.1.3 连续竞价

集合竞价主要产生了开盘价，接着股市开始了连续买卖阶段，因此有了连续竞价。集合竞价中没有成交的买卖指令继续有效，自动进入连续竞价等待合适的价位成交。而全国各地的股民此时还在连续不断地将各种有效买卖指令输入到沪深证交所的电脑主机，沪深证交所的电脑主机也在连续不断地将全国各地股民连续不断的各种有效买卖指令进行连续竞价撮合成交。主机不接受无效的买卖指令，如股票价格涨跌幅超过限制等指令。

小贴士

从集合竞价时的股价变化及委托单变化，我们就可以感知个股开盘后的走向，特别是股价短期波动较大时，集合竞价的变化能够体现主力的操盘动向。

但是，在股价近期波动较小、无明显利好或利空消息的前提下，若集合竞价使得股价明确高开、有大托单出现，或是股价明显低开、有大压单出现，这时不必急于判断，应观察一下开盘后的走势再做决定，因为此时的集合竞价变化往往是偶然性的，其强弱表现往往不能延续到开盘及随后的盘中运行。

1.2 认识个股分时图

分时图共有两种，一种是个股分时图，另一种是大盘分时图。在个股分时图中，我们需要关注分时线、分时量、均价线、委托单、成交细节这五方面并正确解读、分析，这样才能更好地了解个股的运行及当日盘中的强弱情况。

1.2.1 委托挂单情况

在股票行情接收软件中，在盘中交易时间段，打开个股的日K线图，或是分时图窗口，在界面右侧，可以看到"委买、委卖窗口"。这也称为买盘、卖盘窗口。它是反映投资者委买、委卖挂单情况的窗口。

买盘、卖盘窗口

金隅股份 601992		
委比	-56.67%	-43779
卖⑤	4.84	18221
卖④	4.83	9736
卖③	4.82	13963
卖②	4.81	9742
卖①	4.80	8855
买①	4.79	114
买②	4.78	6118
买③	4.77	2584
买④	4.76	2532
买⑤	4.75	5389

图1-1 委买、委卖盘窗口

如图1-1所示，委买、委卖窗口中，委买、委卖窗口各有五档价位信息，每一价位后的数字为此价位处的委托买入的总数量（单位为"手"）。

例如，在买①处为"4.79,114"，这代表当前这一时刻，在4.79元价位处共有114手的委托买单（指已委托申报买入、但仍未成交的），随着交易的进行，买卖单的价格及数量都会实时变化。

大托单或大压单

若是某个价位（或某几个价位）的委买单远大于此时委卖单的数量，我们称之为大托单；反之，若是某个价位（或某几个价位）的委卖单远大于此时委买单的数量，我们称之为大压单。

大托单与大压单往往是主力为实施控盘而特意挂出来的。就大压单与大托单的直观印象来说，大压单让人感觉个股卖压沉重、难以上涨，大托单则让人感觉接盘大、难以下跌。但这只是表象，在实际的盘口中，我们往往要"打破"这种直观的感觉印象。

案例分析

300 二三四五 2017/02/06			
卖盘	5	10.11	110
	4	10.10	706
	3	10.09	181
	2	10.08	496
	1	10.07	222813
买盘	1	10.06	2038
	2	10.05	996
	3	10.04	224
	4	10.03	263
	5	10.02	257

300 二三四五 2017/02/07			
卖盘	5	10.04	166
	4	10.03	180
	3	10.02	170
	2	10.01	1843
	1	10.00	193212
买盘	1	9.99	910
	2	9.98	499
	3	9.97	463
	4	9.96	905
	5	9.95	1034

图1-2　二三四五2017年2月6日　　图1-3　二三四五2017年2月7日

图1-2和图1-3分别为二三四五（002195）2017年2月6日和2017年2月7日收盘时的挂单情况。这两日，该股股价盘中振幅较小，运行平稳，盘中的挂单情况也算正常，但是在收盘时，却出现了这种明显的异常，卖一的数量远远大于买盘数量。看着这样的收盘情形，我们直观的感觉就是此股压盘太重，未来走势是易跌难涨。然而，实际情况恰好相反。

图1-4　二三四五2017年1月至3月走势图

图1-4标示了此股在2017年2月6日之后的运行情况，个股仅仅是随大盘做了一波小幅调整，随即展开了较为独立的上攻走势，其上涨速度与幅度远强于同期的大盘。

大单托底，股价节节跌

对于大挂单的信息，我们有时要从正向理解，有时则要从反向理解。在进行分析时，最关键的一点就是要结合股价所处的位置区间来判断。

当股价累计升幅已经很大或处于明显的高价区震荡时，主动性卖盘较多。当开盘之后股价震荡下跌，当跌到一定幅度时，盘中出现了下托板，一般会在买三、买四位置出现大笔托单，给人一种主力护盘、股价无法继续下跌的感觉，但当股价下跌到这个大托单的位置时，股价明显反弹无力。

遇到这种情况，一般来说，就是主力在利用大托单来稳定市场情绪，而自己则在悄悄出货，正是因为主力只挂出大托单，而且这些托单还会随着股价下跌随时撤掉，并没有任何买入的意愿，才造成了股价的节节下滑。

大单压顶，启动前奏

大压单也称为下压板。当个股处于底部震荡区间或处于刚从底部启动的上涨途中时，一般来说，此时个股仍处于价值相对低估区间，而且主力在此价位处出货也并无利可图。若这时出现的是下压板，而股价却不跌反涨，则主力压低吸货的可能性偏大，是主力借市场人心不稳、市场做多气氛仍不充足的情况，来制造恐慌气氛，以此诱骗投资者交出手中的筹码。

小贴士

经验表明，那些在盘中挂出大量委托买单，而股价又处于下跌状态的个股来说，它们是短期内的弱势股，大托单并不能阻止股价的下滑。反之，那些在盘中挂出大量委托卖单，而股价又处于上涨状态的个股来说，它们是短期内的强势股，大压单并不能阻止股价的上涨。当然，大压单与大托单的解读，还需结合个股中短线所处位置区间来分析。

1.2.2 大笔成交情况

对于股价的走势，起着决定作用的还是主力资金，散户只是市场的参与者。相对于散户而言，主力的买卖方式往往是大手笔的，特别是在买入个股筹码时。

鲜有大单，成交清淡

在股市中，我们可以清晰地看到个股在走势上的分化，有的个股随波逐流，有的个股则特立独行。这就是"散户股"与"主力股"的区别。

如果一只个股在很长的一段时间内，盘中鲜有大笔成交，且大笔成交不具备连续性，个股在走势上也随大盘，则这样的个股更有可能由散户主导走势，未来行情期望较低；反之，若一只个股频繁在盘中出现大笔成交，虽然在走势上暂时未露强势，但这样的个股或有主力参与，未来有望脱颖而出。因而，盘口的成交细节，特别是大笔成交，是值得我们关注的。

低位大单频繁买，主力吸筹

在低位区，交投人气不旺，成交量相对也会较小，若经常在盘中出现大买

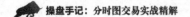

单向上扫货，随后股价交易又恢复平静，虽然这种大单扫货不具有连续性，也没有明显推升股价，但却很有可能是主力的吸筹行为。

如果这种盘口表现在底部震荡的很长一段时间内经常出现，则可以认为这是主力资金进场的表现。

高位大单频繁卖，主力出货

在高位区，个股的上涨激发了市场热情，个股前期的涨幅所带来的财富效应引起了短线投资者的积极关注，此时市场人气仍然较为充足。若这时出现大卖单向下砸出，则我们可以将此理解为大资金出逃。若这种出货行为在顶部区域内的很长一段时间内经常出现，则我们可以认为这是主力出货的表现。

高位区大买单扫盘，借机出货

个股在中短线涨幅较大的位置点，市场人气较为旺盛，此时出现的连续大买单扫货往往并不是积极的象征，因为它很有可能是主力自买自卖、借机出货的手法。

由于主力已获利空间巨大，有出货需要，但同期市场走势较好，而且市场思维是"买涨不买跌"，一些主力就会采取事先挂出大卖单，然后再通过大买单将其吞掉的方法，以此希望引起市场投资者的跟风介入。一旦市场跟风气氛上来了，主力往往就会毫不留情地大肆出货。这体现在股价波动上就是：在高位区，个股的波动极为活跃，今天强势涨停，明天就可能大跌，这些都是主力为出货而采用的操盘手法。

> **小贴士**
>
> 实际情况中，由于介入一只个股的各路资金非常多，只有实力最强、行为最果断的那一路资金才是股价运行的引导者，即主力。因而，我们在分析大笔成交细节时，只有结合个股的前后走势以及当日盘口表现，才能从时间轴上得出更准确的结论。

例如，在考察大买单是否能真正推升股价时，我们重点要关注的是这种大单是否具有连续性。如果具有连续性，则表明其实力强，市场行为具有连贯性，个股随后继续上涨的概率也是较大的；反之，如果大买单只是出现几笔后就消失了，则可以认为这种大买单来自非主力资金的控盘行为，其对股价走势的影响力很小。

1.2.3　开盘价与收盘价

开盘价、收盘价、最高价、最低价是一个交易日最重要的4个价位，其中：开盘价是由集合竞价产生的；最高价、最低价则表明了个股当天交投过程中的最高成交价格及最低成交价格；至于收盘价，沪市与深市的计算方法略有不同，沪市以每个交易日最后1分钟内的所有交易的加权平均价计算得出，而深市的收盘价则是通过最后3分钟内的竞价方式产生。

开盘价

基于当日开盘价与上一交易日收盘价的对比情况，我们可以把开盘情况分为高开（当日开盘价高于前一日收盘价）、低开、平开3种。

3种不同的开盘情况或预示了当日的盘中走向，例如，高开伴以利好消息面，很可能会在开盘后出现直接冲击涨停板；低开伴以利空消息面，则有可能是主力资金有意出货的信号，开盘后直接向下跳水的概率大。在实盘操作中，当日开盘价与前一日收盘价的不连续变化情况，是我们重点分析的内容之一。这里面涉及个股消息面、大盘变化、市场风向的转变、外围市场的影响等多种因素。在本书随后的章节中，我们会结合具体案例详细讲解。

收盘价

原则上来说，在收盘前的半小时内，若股价无过大波动，则收盘价的实战意义不突出。但是，尾盘是多空交锋最激烈的一个时间段，一些主力会在尾盘阶段积极运作个股，有的上涨，有的下跌；尾盘是通向下一个交易日的过渡环节，它也在一定程度上预示着下个交易日的走势强弱。因此，投资者在看盘时，应重

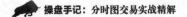

点关注尾盘。

1.2.4 认识分时线与均价线

在股票行情软件中，输入股票代码或是股票名称的拼音首字母，就可以调出个股走势图。走势图有两种，分别是K线图和分时图。这两种走势图通过功能键【F5】，可以来回切换。

在分时图中，分时线反映着价格的实时走势。分时线下方的一条波动较为缓和的曲线为均价线。图1-5标示了分时线、均价线和分时量。

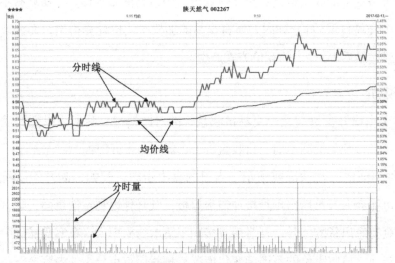

图1-5　陕天然气2017年2月13日的分时图

分时线和均价线、分时量是我们利用分时图预判价格走向的三大要素。

分时线

分时线是分时图中最主要的部分，其以分钟为单位，实时地反映着个股的盘中价格波动情况。可以说，分时线代表着股价的盘中运行轨迹。分时线不仅体现了多空力量的实时转化情况，更有揭示主力控盘玄机的妙用。若随波逐流、跟随大盘，这样的个股当日难有好的表现；分时线若是出现了挺拔有力的上扬，多是大买单连续入场推动所致，往往与主力运作有关，可以重点关注。

均价线

均价线是当日的入场买股者平均持仓成本，其等于到目前这一时刻为止的当日总成交金额除以到目前这一时刻为止的当日总成交股数。

在分时图中，均价线是对分时线的一种平滑处理。它可以摒弃分时线的偶然性波动，让我们更好地看清股价在当日的运行方向。透过均价线与分时线之间的位置关系，我们可以更好地把握买盘卖盘的力量对比，从而正确解读多空力量转变。

分时量

分时图最下方的一条条竖线为分时量，每一根竖线的长短体现了这一分钟的成交量。利用分时线的运行形态，再结合分时量的缩放情况，就是盘口中的"量价配合"。它是我们把握当日盘中多空力量对比、股价运行轨迹的关键。

小贴士

均价线的主要作用体现在它与分时线的位置关系上。此时的均价线不仅仅有定义中所描述的分时均价特性，还对股价的运行起到支撑或阻力作用。短线技术派很重视均价线的这个作用。

1.3 认识大盘指数

股票市场是一个整体，个股的走势虽然具有一定的独立性，但是它也难以脱离这个股市整体的影响。参与股市交易，我们不能孤立地看待个股，要把它放在同板块、同类题材股、整个市场中不同的范围内来分析。这样才能更好地了解

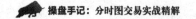

个股波动、把握其运行轨迹。

1.3.1　指数与板块概念

所谓"指数"就是反映某一范围内全部股票综合走势情况的指标。例如，对于在上海证券交易所（以下简称上交所）上市的全部股票来说，有上证综合指数（以下简称上证指数）来反映这些股票的综合走势情况；对于在深圳证券交易所（以下简称深交所）上市的全部股票来说，有深圳成份指数（简称深圳成指）来反映这些股票的综合走势情况。板块指数反映的则是这一板块的整体走势情况。

大盘指数与上证指数

"大盘"只是一种通俗的说法，我们所说的"大盘"其实就是指股市这个整体，大盘指数也就是反映股市整体运行情况的一个指标。通过大盘指数，我们可以一目了然地看清股市的整体运行情况。

在国内股票市场中，全部上市公司都集中于上交所与深交所这两家交易所。上交所与深交所是股票发行、交易的集中地。在编制指数时，是以交易所为单位编制的。由于上交所中的大盘蓝筹股更多，在此上市的企业规模也往往更大，所以上交所全部股票所构成的这个整体更能代表国内股市的整体表现，而上证指数（也称为上证综合指数）自然也就成为了体现股市整体运行的大盘指数。

板块的划分

所谓的板块，就是同类个股的集合，常见的划分依据有三种，即行业、区域、题材。例如，对于隶属于同一行业的个股来说，有行业板块，如银行板块、通信板块、机械制造业板块、医药板块等；对于隶属于同一地域的个股来说，有地域板块，如新疆板块、上海板块、海南板块等；每个板块都有应的指数来反映这一板块的总体运行情况。

指数的计算

计算指数时，涉及计算方法和样本空间两个方面。一般来说，指数的样本空间既可以是其所描述市场范围内的全部个股，也可以是其所描述市场范围内的一部分个股（这些个股可称为成份股）。

指数的计算方法主要分为两种，一种是算术平均法，另一种是加权平均法。所谓算术平均法就是仅以股票价格为考虑因素，而不考虑股票的股本规模；加权平均法是在考虑个股股本规模的情况下，依据个股股本的大小分别赋予不同的权值，从而让这些股本不同的个股在指数中所占的分量也不同。加权平均法较为科学合理，得到了广泛的推广使用。

上证指数的计算

上证指数采用加权平均法进行计算。在这种计算方法中，上交所中的每一只个股都被包含了进来（这代表指数的样本空间为上交所的全部个股），而且在计算时，既考虑股票价格，也考虑股本大小。每一只个股依其股本大小而具有一定的"权重"，股本越大，则"权重"越大，对指数的影响力也越大。

1.3.2　认识指数分时图

在股票行情软件中，输入代码"03"可以调出上证指数走势图，输入代码"04"可以调出深证指数走势图。一般来说，我们只需关注上证指数即可。

如图1-6所示，在上证指数的分时图上，可以看到两条指标线，一条是上证指数，另一条是上证领先指数。两者的计算方法不同，其运行轨迹也往往不同步，需特别注意。

上证领先指数与上证指数的区别

上证指数采用加权平均法计算，因而股本大的个股对其影响力就大，能更好地反映出大盘股的走势；上证领先指数采用不加权的计算方法，在这种计算方法中，一只股票的股本大小无关紧要，而它的股价才是最重要的。由于中小盘股

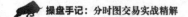

票的股价相应较高，所以这一指数能更准确地反映出中小盘股的走势。

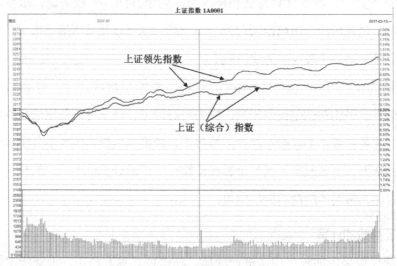

图1-6　上证指数分时图

　　了解这种区别至关重要，因为这可以帮助我们更好地理解市场的转变行情。有的时候，大盘指数（即上证指数）的涨跌并不明显，但上证领先指数却可能出现大幅度的震荡。此时，我们就要留意市场重心的转变，从而采取相应的操盘策略。

1.3.3　指数的波长与波幅

　　看指数与看个股有所不同，个股的表现更需关注特定的分时形态，而指数代表着市场的整体表现，是一种平均值的处理结果。为了更好地了解多空力量交锋情况以及对比格局，我们有必要了解指数的波长与波幅。

波长与波幅

　　波长是指价格完成一轮完整的波段行情所需要的时间。波幅是指价格在振荡过程中偏离平衡位置的最大距离。在指数分时图中，对于细微的波动，可以忽略，我们应关注较大波段的波长与波幅，以此来做出相应判断。

观察大盘指数分时图中的波长与波幅情况，我们就可以更好地了解多空力量整体对比结果。由于这是一个平均处理结果，所以不易受个别大资金进出的影响。仅从短线角度来讲，它可以预示大盘的近期表现。如果将波长与波幅应用到K线图上，它还可以向我们指示趋势运行情况。

指数的波长、波幅分析方法

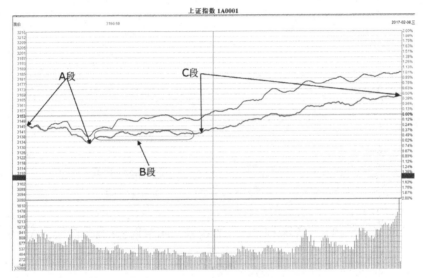

图1-7　上证指数2017年2月8日的分时图

如图1-7所示，在上证指数2017年2月8日的分时图中，全天走势可以划分为3个大段，分别为A段、B段、C段，其中，A段为下跌，B段为整理，C段为上涨。这样，当日的多空情况就可以通过对比A段与C段来分析了。

A段的下跌时间短、幅度小，而C段则从午市前一直持续到收盘，且波幅也较大，考虑到B段的中间过渡阶段及指数近期内处于稳健、缓慢攀升之中，将全天的3个波段走势连贯起来，我们可以这样理解：早盘开盘后，由于有一定的获利盘出逃，从而造成了指数的短暂回落，但回落幅度小、持续时间短，说明获利抛压不重；在经过早盘的企稳、整理之后，多方再度发力并明显占据了主动，这种优势一直持续到收盘。

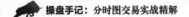

综合分析的结果是：在图1-8中，多方仍旧牢牢占据主动，短期内市场仍然可以看涨做多，操作中，短线交易上的大盘风险很低，可以买入。

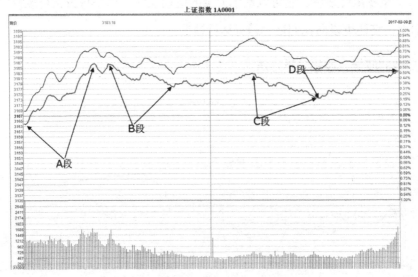

图1-8　上证指数2017年2月9日的分时图

图1-8标示了图1-7所示的次日大盘走势，图中划分的4个波段，A段的上涨明显强于B段的回落，而D段的上涨也强于C段的回落。这表明仍是多方占优的一个格局，短线上，大盘指数仍然看涨。这也印证了我们上一个交易日的判断。

小贴士

（1）将波幅与波长这两个概念应用到个股身上时，我们应注意灵活变化。由于交易成本因素的制约，波段操作必须要有一定的获利空间才可以进行。如果股价的上下波动幅度过小，投资者就不宜采用波段操作。

（2）利用波幅与波长也可以展开趋势操作。股市中长线与短线孰优孰劣的争论由来已久，其实片面地采用长线还是短线的投资方式，都是一种建立在主观意愿上、与实际相脱钩的投资方式。投资周期的长短应该以客观事实为依据，以市场趋势为核心要素。市场趋势波动周期长时，就应该采用长线；市场趋势波动周期短时，就应该采用短线。投资者要让自己适应市场，而不能让市场来适应自己。

1.3.4 两种指数的分化

上证指数与上证领先指数不仅是计算方法的不同，它们也反映着市场的不同运行特性。上证指数的运行既是股市整体的表现，也是权重股的平均效果；上证领先指数则代表着中小盘股的表现。一般来说，由于权重股与中小盘股在运行上的趋同性，两者盘中轨迹较为接近，只是幅度上略有偏差。但是，当股市运行在关键点位时，特别是中短线的高点、低点时，若两者在走势上出现了分化，则表明市场节奏的转换，很可能预示了走向的折转。

强弱异步

根据上证指数与上证领先指数在盘中的波动幅度情况，我们可以了解到当前的市场运行格局，是大盘权重股为核心，还是中小盘个股更受青睐。

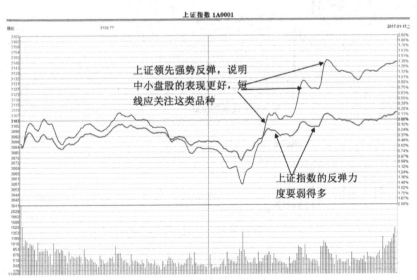

图1-9　上证指数2017年1月17日的分时图

图1-9为上证指数2017年1月17日的分时图，如图中标注，在盘中的反弹上涨波段，上证领先指数明显强于上证指数。这说明当前的市场热点在中小盘个股身上，大盘股则属于滞涨的类型。在了解了这种市场格局后，短线参与的品种应以中小盘股为首选，尽量规避大盘权重股。

方向背离

在阶段性的高点，特别是指数中短期内涨幅相对较大的位置点，随着获利盘的增多，市场强弱格局很可能出现转变。此时，我们应密切关注两种指数在盘中是否出现了分化。

当上证指数与上证领先指数走势出现明显分化时，如果此时的大盘正处于一波涨势后的高点，或是一波跌势后的低点，则多是短期内的走势将反转的信号。此时，我们应做好高抛或低吸的准备。

所谓的分化有两种表现形式，一种是盘中运行方向的背离，另一种是盘中的相差幅度较大，其中，尤以方向上的背离最准确。

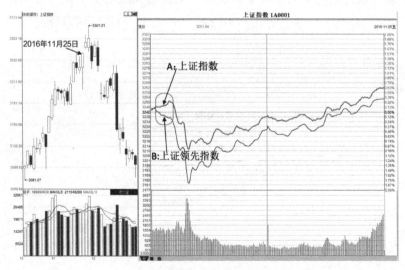

图1-10　上证指数2016年11月25日的分时图

如图1-10所示，在上证指数2016年11月25日的分时图中，两种指数出现了方向上的明显背离，图中标注的"A：上证指数"与"B：上证领先指数"，它们在这个相同的时间段内，运行方向正好相反，上证指数向上扬，上证领先指数则跳水。

两种指数的分化不仅成功预示了随后的盘中大跌，还成功地预示了随后的中短线下跌，且跌幅极大，指数几乎回到了这一波上攻行情的启动位置点。

小 贴 士

上证指数大涨而上证领先指数大跌时，投资者很可以误以为大盘股开始发力，股市短期内难以下跌。然而，实际的情况往往正好相反，这常常是拉抬权重股、掩护中小盘股出货的市场信号，随后的市场未必会马上转跌。这时，由于当时市场人气旺盛、机构券商普遍看涨，在狂热的市场氛围中，"怕踏空"的思想占据了主导，指数在高点或仍能停留数日，甚至创出短线新高。但这时的市场很脆弱，随时有反转下行的风险，因而，投资者一定要重视高点位出现的这种指数分化行为。

1.4 看懂分时均线

对于个股分时图的研判，其中的分时均线（即均价线）是一个重点内容，而且，它的研判方法具有普遍性，不受千变万化的分时线形态约束。在实战中，我们主要是结合分时线与均价线的位置关系来分析市场的强弱。

1.4.1 分时均线作用

均价线的主要作用在于它是多空力量对比的分水岭。我们可以简单地透过分时线与均价线的位置关系来了解盘中的强弱格局。

若分时线稳健地运行于均价线上方，说明买入力量更强；反之，若分时线

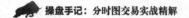

持续地运行于均价线下方，则说明卖方力量更强。当然，强弱格局可以转变，也可以加剧，实盘中，还需结合分时线与均价线位置关系的变化来判断。

均价线的简单用法

分时线运行于均价线上方，且股价重心能稳步上移，则说明均价线对个股上涨有支撑作用。这是买盘力量更强且有意进攻的标志，具有一定的看涨含义。均价线是多空分水岭，当分时线挺拔有力地运行于均价线上方时，即使个股出现一定的下跌，随后走强的概率也较大。

反之，分时线长久地运行于均价线下方且股价重心逐步下移，就是卖压沉重、买盘无法有效抵挡的标志，具有一定的看跌含义。此时，即使个股出现了一定的上涨，随后走弱的概率是较大的。出现了这类分时图的个股，若处于明显的高点，则蕴含一定的风险，宜短线卖出。

从另一个角度来看，均价线对投资者的心理有很大影响。当股价受到均价线压制难以突破时，短线投资者就会失去耐心，从而进行反弹出货的操作。这也就进一步增大了个股的抛压，使其走弱。

> **小贴士**
>
> 除了分时线与均价线位置关系反映强弱之外，两者之间的距离变化也很重要，如果分时线运行于均价线上方，但随着走势的持续，两者更贴近了，则表明多方力量占优格局不明显，不宜盲目做多；反之亦然。

1.4.2 分时均线强格局

在短线交易中，我们将均价线看作是多空分水岭。当个股强势运行、处于上涨格局中时，均价线有支撑、助涨作用。在较为强势的盘口交易中，分时线应站稳于均价线上方，不贴附于均价线，两者之间留有一定距离，并且随着交易的持续，分时线有再度向上远离均价线的倾向。

形态特征

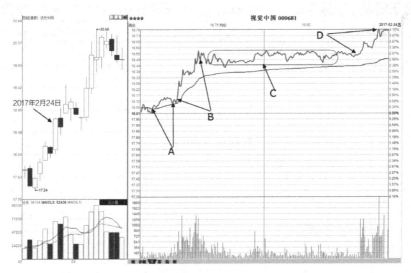

图1-11　视觉中国2017年2月24日的分时图

如图1-11所示，在视觉中国2017年2月24日的分时图中，我们将此股的当天走势划分为4个时间段。

在A段，早盘开盘之后，多方力量占优，股价运行于均价线上方，但多方发力不明显，占优格局不明显，这也是多方力量蓄势的一个阶段。对于这一阶段的解读，应从日K线图着手。此股之前处于小幅攀升状，是行情上涨波段，因而，早盘的这个A段走势可以看作是延续了多方力量占优的格局。在操作中，股价回落至均价线时，可以适当短线买入。

在B段，随后股价冲高，有明显拔高迹象，大买单入场积极。这段时间的上涨脱离大盘，有较强的独立性。这种走势也是我们可以积极关注它的理由。

在C段，随后的盘中运行持续时间最长，股价能够稳稳地运行于盘中高点，且始终与均价线保持一定距离（这是多方力量较强的重要特征），说明抛压较轻、主力控盘能力较强，个股当日处于强势运行格局中，可以积极看涨。

在D段，尾盘阶段，因良好的大市氛围中，个股的抛压也较轻，主力再度拉升个股，盘中走势进一步加强，涨幅扩大，从而以接近全天最高的价位收盘。

操作策略

对于明显处于强势格局下的分时图，代表着多方力量在短线期间内仍旧占据着明显的主动。这时，只要个股的短线涨幅不是很大，追涨风险相对较低，我们是可以积极参与的。

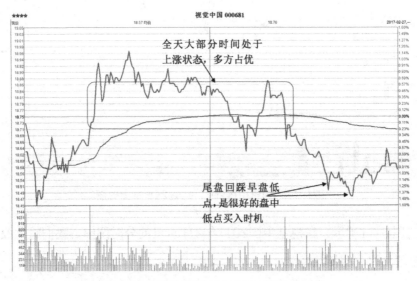

图1-12　视觉中国2017年2月27日的分时图

图1-12标示了视觉中国下一个交易日的运行情况：早盘出现了一波下探，似乎强弱格局要发生转变，但随后的盘中却再度走强，说明早盘的下探只是较少获利抛压导致的，个股的短线运行方向仍以向上为主。但由于早盘的低开，外加盘中冲高，以及上一交易日的上涨，个股短线涨幅相对较大，我们不宜直接追高买入。

如图1-12所示，尾盘阶段的再度回踩早盘低点，就是当日很好的入场时机。此时买入，既是在明确多方力量占优格局之下的一种买入，也买在了当日的盘口低点，为次日的上涨预留了短线空间，风险小，而潜在收益则相对可观。

1.4.3　分时均线弱格局

分时均线的弱势格局主要表现在它的阻力作用上。当股价持续运行于均价线下方，且无力向上突破分时均价线，并且有向下远离分时均价线的倾向时，空方力量占据明显主动、短期内价格走势下行概率较大。

形态特征

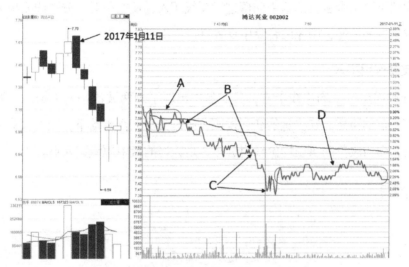

图1-13 鸿达兴业2017年1月11日的分时图

如图1-13所示，鸿达兴业2017年1月11日的分时图可以划为分4个时间段。

A段开盘后处于小幅下跌状态，股价处于均价线下方并缠绕着均价线。这是盘口弱势运行的特征，也是空方力量酝酿的一个阶段。在这个时间段，对于盘感丰富的投资者来说，本着风险防范的角度，应先卖出。

在B段，股价开始持续向下运行，空方完全占据了主动。当个股出现这种走势后，当日走弱至收盘的概率极大，盘中出逆转的可能性较小，特别是在趋势行进途中，不可抄底入场。

在C段，加速下跌向下远离了均价线。这是空方势力增强、完全占据上风的标志。

在D段，股价横向运行，丝毫没有反攻动力。这预示着弱势运行的格局或将延续到下一个交易日。短线交易上，仍宜观望，而不是出手抄底。

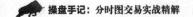

1.4.4　阻力支撑位买卖点

均价线是多空的分水岭，当分时线与均价线位置关系固定之后，它就有了较强的支撑（或阻力）作用。实盘中，对于分时线强势运行于均价线上方的情形，我们可以结合股价的盘中回落进行短线买入；反之，对于分时线弱势运行于均价线下方的情形，则应结合盘中反弹进行卖出。

支撑作用买入

分时线运行于均价线上方，且在盘中出现了一两波流畅的上扬，从而使得两者有一定的距离，在少量的获利抛压，或是大盘回落带动下，股价顺势出现一波滑落，而当股价回落至均价线附近时，是较好的盘中短线买入点。

形态特征

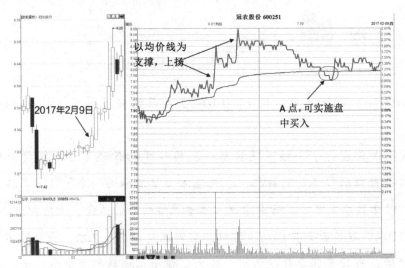

图1-14　冠农股份2017年2月9日的分时图

如图1-14所示，在冠农股份2017年2月9日的分时图中，此股在分时图上的运行较为强势，特别是早盘的两波小幅度上扬，正是大买单连续入场推动的结果，结合个股的日K线图较好，短线反弹幅度小，一旦个股短线表现强势，则反弹空间相对较大。操作中，当股价回落至图中的A点位置时，就是买入良机。

阻力作用卖出

分时线运行于均价线下方，且在盘中出现了一两波跳水，向下远离了均价线，从而使得两者有一定的距离。在少量的买盘入场推动股价回升时，当股价反弹至均价线附近时，是较好的盘中短线卖出点。

形态特征

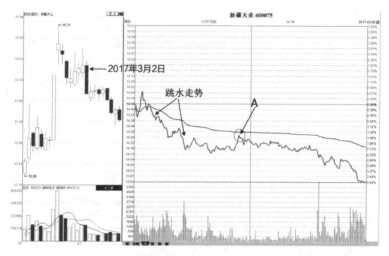

图1-15　新疆天业2017年3月2日的分时图

如图1-15所示，在新疆天业2017年3月2日的分时图中，早盘阶段，个股持续运行于均价线下方，是典型的弱势运行格局。结合个股短线涨幅较大的情形来看，这种弱势分时图或预示着短线折转走势的出现。

在操作中，若大盘相对稳定，我们可以等反弹出局时机。对于本例来说，当此股早盘向下远离均价线后，午市收盘前出现了一波小幅反弹，股价接近均价线，即图1-15中的A点。这就是弱势分时图的盘中反弹卖出点。

小贴士

均价线附近的买卖点有一定的灵活空间，这与大盘运行情况有关。若大盘相对稳定，强势股的回落一般不会跌破均价线，弱势股的反弹也不会突破均价线；但若是大盘短线波动幅度较大，则均价线往往会被短暂跌破（或突破），因而，实盘操作中，盘中的最佳买卖点也需结合大盘波动来把握。

1.4.5 盘中逆转突破

均价线的支撑和阻力作用也不是一成不变的，因多空力量的快速转变，均价线的支撑与阻力也会在盘中发生转变。当股价由均价线上方跌破均价线，且价格回升无力时，均价线的支撑作用就转变为阻力作用；反之，当股价由均价线下方向上突破均价线，且回调企稳时，均价线的阻力作用就转变为支撑作用了。

盘中逆转突破

当股价由均价线下方向上突均价线后，若能站稳于均价线之上，则代表着多方力量转强，随后的盘中走势有望转强，是短线买入信号。

形态特征

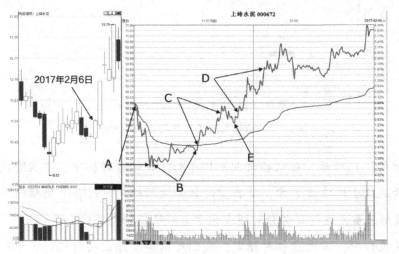

图1-16　上峰水泥2017年2月6日的分时图

如图1-16所示，在上峰水泥2017年2月6日的分时图中，早盘阶段先是出现了一波快速下跌，是A段的跳水走势；随后，股价开始缓缓回升，并向均价线靠拢，这是B段走势，此时还看不出来多空力量对比的转变，操作中，不可先入为主、急于买入；随后，股价向上继续突破均价线，并向上远离均价线；在C段走势中，多方力量已明显强于空方，盘中走势实现了逆转，而这正是以均价线作为分水岭的标志。

然后，个股走势出现小幅度回落，回落时的分时量没有被放大，这说明此波回落仅仅是正常的获利盘回吐压力。在图中的E点位置，结合日K线图中正处于中短线低点来看，这是一个较好的买入点。此时既明确了多空力量的盘中逆转，又买在了盘中回调低点，避免了短线追涨被套。D段的走势则进一步明确了多方力量的增强，也预示着多方占优的局面有望延续到下一交易日，短线上，可以持股待涨。

1.4.6 盘中逆转跌破

盘中逆转跌破

当股价由均价线上方向下跌破均价线，代表着空方抛压较重、多方承接力道不足，是盘口运行处于弱势状态的标志。特别是在快速冲高之后，若均价线无法对股价的回落构成支撑，则这种冲势必引发更多的卖盘离场。

形态特征

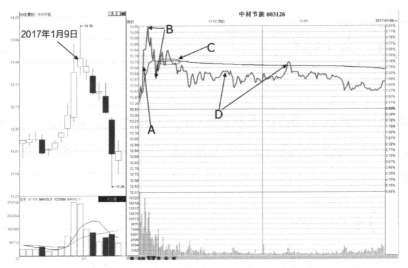

图1-17 中材节能2017年1月9日的分时图

如图1-17所示，在中材节能2017年1月9日的分时图中，个股早盘大幅冲高，但随即快速跌落至均价线下方。这种昙花一现的冲高走势往往是主

力拉高派发形成的，或者是盘中冲高引发了大抛单离场所致，是股价走势快速转弱的信号，应及时逢盘中反弹时卖股离场。

在本例中，A段的强力冲高走势代表着多方力量占优并发起进攻；B段的快速回落跌破了均价线，是多空力量格局突然逆转的信号之一；随后的反弹至均价线、但无法站稳于均价线的C段走势则表明多方反攻无力，操作中，此时应卖出股票；D段走势持续运行于均价线下方，表明空方力量占据了明显的上风。在操作中，若之前仍未卖股离场，则当股价再度反弹至均价线附近时应卖出。

小 贴 士

冲高后回落直接跌破均价线是盘中反转的一种方式。除此之外，还有一种方式较为常见，即盘中冲高回落后，股价先是站于均价线上方，或是粘附于均价线，持续时间较长，随后才向下跳水跌穿均价线。这种形态同样是空方力量逆转增强、占据主动的盘口形态之一。

1.5 盘口数据汇总

对于分时图来说，除了关注核心的分时线、均价线等盘口形态外，在短线分时交易中，由于盘口数据的实时性，为了更好地了解盘中异动股，把握盘中的买卖机会，我们还需要关注涨跌幅、振幅、量比等盘口数据。

1.5.1 行情报价表

利用行情报价表，我们可以将全部股票依据某一行情数据进行排序，方便我们查找相关异动股。

在股票行情软件中，如大智慧新一代、同花顺等，我们调用行情报价表的方法基本相似：通过数字快捷键［6］+［0］可以调出沪深全部A股的行情报价表；通过数字快捷键［6］+［1］可以调出沪市（即上证）全部A股的行情报价表；通过数字快捷键［6］+［3］可以调出深市全体A股的行情报价表。一般来说，调用行情报价表时，常把沪深两市的A股进行合并，也就是快捷键［6］+［0］最常用。

下面我们来看看利用快捷键调出相应行情报价表的操作流程。首先，打开炒股软件。随后，在敲入键盘上的数字［6］+［0］可以呼出一个键盘精灵窗口，如图1-18所示。在这一键盘精灵窗口中，可以看到与我们所敲入快捷键相对应的条目。如果这一条目即是我们要调出的内容，敲击键盘上的［Enter］键即可打开此项。

图1-18 ［6］+［0］
快捷键窗口

	代码	名称	星级	涨幅%↓	现价	总手	现手	昨收	开盘	最高	最低
1	603906	N龙蟠	★★★	+44.01	13.71	115	10↓	9.52	13.71	13.71	13.71
2	603078	N江化微	★★★	+44.00	34.82	52	5↓	24.18	34.82	34.82	34.82
3	601000	唐山港	★★★★★	+10.09	6.44	11.42万	400↓	5.85	6.44	6.44	6.44
4	600246	万通地产	★★★	+10.07	6.12	77.10万	2↓	5.56	5.52	6.12	5.40
5	000600	建投能源	★★★★	+10.04	13.15	40.36万	988↓	11.95	12.50	13.15	12.20
6	002342	巨力索具	★	+10.04	11.40	34973	225↓	10.36	11.40	11.40	11.40
7	600008	首创股份	★★★	+10.04	6.25	37.22万	1↓	5.68	6.25	6.25	6.25
8	600769	冀东装备	★	+10.03	17.11	1574	40↓	15.55	17.11	17.11	17.11
9	601258	庞大集团	★★★	+10.03	3.51	469.42万	30↓	3.19	3.21	3.51	3.17
10	000619	海螺型材	★★★	+10.03	13.17	14.75万	2886↓	11.97	11.91	13.17	11.75
11	300633	开立医疗	★★★★★	+10.02	9.11	35	5↓	8.28	9.11	9.11	9.11
12	300629	新劲刚	★★★	+10.02	28.11	80	2↓	25.55	28.11	28.11	28.11
13	600149	廊坊发展	★★	+10.02	24.27	89.07万	13↓	22.06	22.03	24.27	21.60
14	600155	宝硕股份	★★	+10.02	18.89	114.84万	9↓	17.17	16.50	18.89	16.36
15	603616	韩建河山	★★★	+10.02	21.31	30109	10↓	19.37	21.31	21.31	21.31
16	002858	力盛赛车	★★★	+10.02	36.25	128	1↓	32.95	36.25	36.25	36.25
17	603586	金麒麟	★★★	+10.01	37.24	110	10↓	33.85	37.24	37.24	37.24
18	002616	长青集团	★★★	+10.01	29.88	25.48万	1214↓	27.16	26.82	29.88	26.44

图1-19 沪深A股行情报价表示意图

如图1-19所示，在沪深A股行情报价表（仅为部分截图）中，双击某一行中的个股，就可以打开此股的走势图；单击或双击某一列的表项名称，则可依据这一行情数据对全体A股进行排序，例如，单击"涨幅"则可以依涨幅进行排序。

1.5.2 综合排名窗口

盘中异动的个股也是关注的重点。为了能更好地实时监控，绝大部分股票软件都给了一个粗略的异动股实时查看方法，这就是综合排名窗口。

综合排名窗口最重要的作用就是它可以反映最近5分钟盘口中出现了明显异动走势的个股。在实盘操作中，利用综合排列窗口，我们可以实时了解到最近5分钟内，哪些个股上涨幅度较大，哪些个股下跌幅度较大。

利用数字快捷键［8］+［0］可以调出沪深股市的综合排名窗口；通过数字快捷键［8］+［1］可以调出沪市的综合排名窗口；通过数字快捷键［8］+［3］可以调出深市的综合排名窗口。如图1-20所示是一个沪深股市的综合排名窗口。

今日涨幅排名			快速涨幅排名			即时委比前几名		
603906	N龙蟠	13.71	+44.01%	603558	健盛集团	24.95	+5.41%	300626	华瑞股份	37.30	+100.00%
603078	N江化微	34.82	+44.00%	603037	凯众股份	50.54	+3.35%	300428	四通新材	39.77	+100.00%
601000	唐山港	6.44	+10.09%	300248	新开普	20.90	+2.15%	002755	东方新星	44.11	+100.00%
600246	万通地产	6.12	+10.07%	002321	华英农业	9.89	+1.75%	002616	长青集团	29.88	+100.00%
000600	建投能源	13.15	+10.04%	603577	汇金通	47.20	+1.72%	002342	巨力索具	11.40	+100.00%
002342	巨力索具	11.40	+10.04%	300042	朗科科技	37.99	+1.71%	002494	华斯股份	15.20	+100.00%
600000	首创股份	6.25	+10.04%	300069	金利华电	36.08	+1.30%	002457	青龙管业	15.86	+100.00%
				002213	特尔佳	25.18	+1.29%	002205	国统股份	33.26	+100.00%

今日跌幅排名			快速跌幅排名			即时委比后几名		
300376	易事特	12.56	-10.03%	300133	华策影视	10.70	-2.10%	603009	北特科技	42.49	-100.00%
300398	飞凯材料	20.13	-10.01%	600936	广西广电	10.68	-1.57%	600892	大晟文化	49.53	-100.00%
300369	绿盟科技	25.89	-10.01%	002247	帝龙文化	16.15	-1.52%	603636	南威软件	23.95	-100.00%
300606	金太阳	39.29	-10.01%	300522	世名科技	79.00	-1.37%	603966	法兰泰克	30.84	-100.00%
300031	宝通科技	19.87	-10.01%	300006	莱美药业	7.56	-1.31%	603007	花王股份	44.32	-100.00%
603966	法兰泰克	30.84	-10.01%	603330	上海天洋	78.63	-1.07%	603960	克来机电	48.12	-100.00%
300250	初灵信息	21.67	-10.01%	300069	同为股份	39.53	-1.05%	603991	至正股份	49.25	-100.00%
300377	赢时胜	33.45	-10.01%	002584	西陇科学	13.47	-0.96%	603165	荣晟环保	37.22	-100.00%

今日振幅排名			今日量比排名			今日成交额排名		
601200	上海环境	35.27	18.70%	603717	天域生态	45.20	534.31	000778	新兴铸管	7.96	523,589
600480	凌云股份	26.20	15.21%	002855	捷荣技术	28.31	205.27	601668	中国建筑	10.04	514.943
600155	宝硕股份	18.89	14.73%	603133	碳元科技	37.89	171.08	600786	北新建材	17.10	441,247
600717	天津港	17.05	14.52%	300626	华瑞股份	37.30	17.63	000709	河钢股份	5.29	427,568
600722	金牛化工	13.62	14.49%	300428	四通新材	39.77	12.17	600266	北京城建	18.39	409,086
603036	如通股份	45.21	14.26%	000709	河钢股份	5.29	8.32	300070	碧水源	21.10	375,806
300344	太空板业	17.40	14.25%	002135	东南网架	7.87	6.46	000413	东旭光电	12.35	355,911
002302	西部建设	22.00	13.50%	300058	蓝色光标	8.60	5.56	002146	荣盛发展	12.77	343,914

图1-20　沪深两市综合排名窗口

综合排名窗口中，"快速涨幅排名""快速跌幅排名"这两个实时信息较为重要，为了使行情变化的显示有更强的实时性，投资者也可以选择Level2行情。

1.5.3 涨跌幅

涨（跌）幅，即上涨（下跌）的幅度。涨幅排行榜靠前的个股，要么是上封涨停板的，要么是接近涨停板的。由于个股在短期运行中往往存在"强者恒强、弱者恒弱"的情形，所以通过涨幅排行榜，我们可以进一步缩小目标股范围，也可以大致了解市场当前的热点所在。

涨停板与跌停板

国内股市目前实行涨跌幅限制制度，即对上市交易的股票（含A、B股）、基金类证券，在一个交易日内，除首日上市的新股之外，上述证券的交易价格相对上一交易日收市价格的涨跌幅度不得超过10%，超过涨跌限价的委托为无效委托。

在涨跌幅限制制度下，会衍生出两种独特的价格走势形态，它们分别是涨停板与跌停板。

当个股当日的股价达到涨幅上限后，若买盘的力量仍旧强于卖盘力量，则个股的股价就不会滑落，而是在涨停价位上继续交易。这样，个股就会在涨停价上出现"一"字形的走势。这就是涨停板走势。

当个股当日的股价达到跌幅下限后，若卖盘的力量仍旧强于买盘力量，则个股的股价就不会上扬，而是在跌停价位上继续交易。这样，个股就会在跌停价上出现"一"字形的走势。这就是跌停板走势。

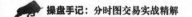

> **小贴士**
>
> 涨跌停板制度的设立，虽然意在抑制投机炒作，但在实际市场中，牢牢封死的涨停板或跌停板却有着强烈的助涨促跌作用，因为这种类型的涨跌停板对市场投资者有着很强的引导倾向，而且涨停板也常是主力强力拉升的标志，操作中，应引起重点注意。

1.5.4　振幅

振幅是个股在盘中上下振荡的最大幅度，即振幅=最大上涨幅度+最大下跌幅度。如果一只个股当日最高上涨至5%，最低下跌至6%，则当日的振幅为11%。

振幅体现了多空双方的交锋情况，是评价多空分歧度的一个指标。振幅过大，代表多空分歧过大，当这种情形出现在较为敏感的中短线位置点时，往往也是股价走势即将反转的信号。

涨幅与跌幅是一种"结果"的呈现，而"振幅"则有助于我们了解盘中的过程。很多个股，虽然当日的涨跌幅度较小，但盘中振幅很大，特别是盘中出现过一闪即逝的低价大抛单，或高价大买单，只是在极短的时间内改变了股价，但却没影响到股价的盘中运行。其实，这种大单子就很有可能体现了主力的控盘意图，是主力的一种特殊控盘行为。此时，通过涨幅或跌幅这两个数据，我们很难察觉这种盘中出现了明显异动的个股，而振幅这个数据就有助于我们筛选出这类个股。

1.5.5　量比

量比即成交量的相对比值，其以分钟为单位，是一种实时的盘口数据，相关计算公式如下。

量比＝［当日开市后的成交总手／当日累计开市时间(分)］／过去5个交易日平均每分钟成交量。

透过上述计算公式，我们可知，量比数值为当日开市后每分钟的平均成交量与过去5个交易日每分钟平均成交量之比。量比可以帮助我们实时了解个股在这一分钟的量能放大或缩小程度，是发现成交量异动的重要指标。

一般来说，量比数值大于2意味着出现了明显的放量，而量比数值小于0.5则意味着个股出现了明显的缩量。我们要重点关注这两种明显的量能异动。

值得注意的是，有些投资者更喜欢关注放量，而忽略了缩量，认为放量是多空双方交锋趋于激烈的体现，而缩量仅仅是市场交易不活跃的体现。殊不知，缩量其实同样蕴含了丰富的信号，它有时可以很有效地揭示隐藏在个股内部的主力资金。在实盘操作中，我们都要关注放量与缩量。

1.5.6 委比

委比的计算公式如下。

委比＝（委买盘中的五档委买总手数－委卖盘中的五档委卖总手数）/（委买手数＋委卖手数）×100%

委比的取值范围是－100%至100%：当委比数值为100%时，个股处于涨停板上；反之，当委比数值为－100%时，个股处于跌停板上。

委比可以反映委买盘与委卖盘的挂单数量对比情况，可以帮助我们发现盘中出现的挂单异常。

一般来说，当委比数值为正时，说明有较多的委买单在下面承接，是买方力量相对较强的体现；反之，当委比数值为负时，说明有较多的委卖单压在上面，是卖方力量相对较强的体现。但是，"大单托底、股价下跌""大单压顶、股价上涨"的情形也是十分常见的，因而，在利用委比发现个股挂单异常后，还要综合分析这些挂单对个股走势的影响。

1.5.7 换手率

换手率是反映股票流通性强弱的指标之一，对于投资者实战看盘具有重要意义。换手率，顾名思义，是指股票换手的频率。比如，一只股票的换手率为

10%，在这样的速度下，此股在10天可以完成一次筹码的全部换手。当然，这种全部的换手只是计算上的结果。

换手率的计算方法是单位时间内某只股票的累计成交量与其流通股本之间的比率，即，换手率=（某一段时期内的成交量/流通股总股数）×100%。例如，某只股票在某一交易日内成交了10万股，假设该股票的流通股数量为100万股，那么，此股当日的换手率=（10万/100万）×100%=10%。在换手率的计算中，我们是以流通股的数量为基数的，而不是以总股本数为基数。这样的计算结果可以更真实和准确地反映出股票的流通性。

换手率的高低，既是由股价波动引发的，也与股本结构有关。若筹码更多地集中在散户、游资手里，则个股换手率就会较高；反之，若筹码更多地集中的控股股东、财务投资者手中，则换手率就会较低。

> ### 小贴士
>
> 累计换手率是一个重要概率，它是将两个时间点之间的各交易日换手率相加所得的。当股价在一个幅度不大的箱体区震荡运行时，若累计换手率能达到200%以上，接近300%，则说明筹码换手较为充分。此区间若处在低位区，则主力是有条件实现大力度吸筹的。

第2章
分时交易必备量价知识

"价、量、时、空"是技术分析的四大要素，其中，"量"所代表的成交量在价格走势预测中占据着核心地位。就概念来说，成交量只表达了交易的数量，但其所蕴含的市场含义却远远不止这些，特别是在结合价格运行的基础上，不同的量价形态有着不同的多空含义。

2.1 4张图认识成交量

成交量需要深入解读，才能够更好地理解和运用。在利用量价形态预测走势、展开实战之前，我们先从量能的内在本质着手，看看它的作用和范围。本节中，我们将结合4张图来解读成交量的深层作用。

2.1.1 多空力度与分歧

很多投资者仅仅把成交量单纯地看作是交易量，其实，只要我们稍微深入分析，就可以得出这一判断：成交量是多空交锋规模及多空分歧的体现。

市场含义

量能放大，代表多空交锋规模升级，多空分歧加大。在预测价格走势时，我们就是要分析、判断多空双方的力量转化情况、多空双方的力量对比等信息。多空双方力的交锋规模、市场多空分歧度对投资者来说是极为重要的。

形态特征

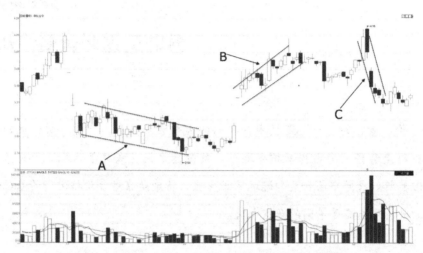

图2-1　赛轮金宇2015年12月至2016年5月的走势图

如图2-1所示，在赛轮金宇2015年12月至2016年5月的走势图中，我们划分了3个特定走势段：A段、B段、C段。

A段处于震荡下行波段。此时，股价波动相对缓慢，且股价处于中短期低点，因而，市场交易不活跃，多空分歧度较低。

但股市的运行就是在"低迷""平稳过渡""剧烈"等不同状态下交替往复的，因而，低迷的走势之后，多空交锋与分歧度往往就会随着价格的波动而突然变化。这出现在B段运行中，此时的短线上涨幅度较大，解套盘、获利盘突然增多，从而使得多空分歧加大、交锋规避也陡然上升。

在C段走势中，个股先是假突破，然后急转直下，大阳线突破伴以大阴线的突然反转，股价的上下剧烈波动使得价格走向充满了不确定性。强烈的市场多空分歧通过明显放大的量能得以呈现。

2.1.2　上涨的源动力

从长期来看，股价的波动是围绕着其实际价值的。但是从中短线来看，股价走向与基本面关系不大，而与资金的关系更加密切。

市场含义

可以说，决定涨跌的力量来自市场本身的买卖活动。量价分析，实质是动力与方向分析；成交量是动力，价格走势是方向。"众人拾柴火焰高"，表示上涨势头仍在延续；如价格在上升，但成交量却在缩小，这意味升势已到了"曲高和寡"的地步，是大市回头的征兆；反过来，价位下跌，而成交量大增，"墙倒众人推"，显示跌势风云初起；价位续跌，但成交量越缩越小，反映跌势已差不多无人敢跟了，这是大市掉头的信号。

形态特征

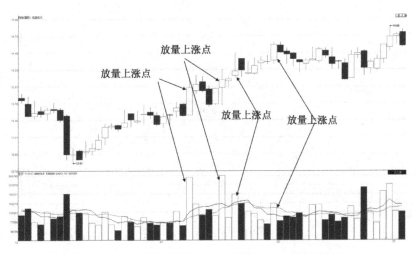

图2-2　隆基股份2016年12月至2017年3月的走势图

如图2-2所示，隆基股份2016年12月至2017年3月的走势图中标示的4个放量上涨点的量能明显放大，且当日股价处于上涨状态。这正是资金积极入场推升股价的标志，也是个股上涨动力较为充足的信号。受益于良好的上涨动力支撑，个股的稳健攀升走势也得到了良好的持续。

2.1.3　分析主力行为

"主力"是一个和散户投资者相对的概念，也可称为"主要力量"。它们是证券市场中主要力量，它们的一举一动不仅影响着个股的涨跌起落，甚至决定着指数的涨跌起落。无论对于股价的中长期走势，还是对于股价的短期走势来说，主力都是占主导地位的。

市场含义

主力的市场行为不同于散户的随意买卖，主力的控盘一般可以分为吸筹、拉升、整理、出货等多个环节。每个环节的目的不同，操盘手法也不尽相同。透过成交量与价格走势的配合，我们可以分析主力的市场行为，从而实现跟随主力操作。下面我们结合一个案例来看看是如何利用成交量变化来分析主力行为的。

形态特征

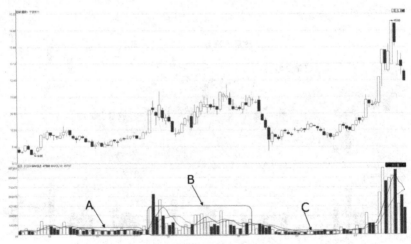

图2-3　宁波东力2016年9月至2017年3月的走势

如图2-3所示，宁波东力2016年9月至2017年3月的走势可划分为3个时间段。

在A段的走势中，由于股价波动小，又处于低位区，成交较为低迷，呈缩量状态。

随后，B段走势中的一波震荡上扬，激活了股性，也引发了放量。量能的放大是源于买卖双方的，只有主力在其中充当的买方进行了吸筹，个股随后才能有更强的突破动能。

当个股走势运行到C段时，股价再度回落至起涨前的低位平台区，呈横向窄幅波动。对比A段量能，此时的成交量又进一步明显下降，这说明经历了B段的震荡上扬之后，市场的浮筹进一步减少，主力控盘能力得到了增强，而这正是主力资金在B段走势中实施吸筹的侧面反映，也是我们可以在C段走势中买入布局的信号。

通过本例，可以看到，利用成交量的变化，我们从看似不确定的价格走势中，发现了主力行为的线索，并进一步得出了主力的买卖方向，从而为实战交易提供明确指导。这也是成交量的重要性所在。

2.1.4　量能形态预测方向

市场含义

成交量所蕴含的信息都是通过不同的成交量组合形态，在结合价格走势的基础上显示出来的。在通常情况下，成交量是股价走势的先兆，不同的量价关系（如"价升量增""价跌量缩"等）蕴含了不同的市场含义。可以说，成交量蕴含了丰富的交易信息，我们在结合价格走势的前提下，是可以透过成交量的变化情况准确地预测出价格后期走势的。

形态特征

如图2-4所示，合肥城建2016年11月至2017年4月的走势图中的量价形态较为典型：A段走势由3个交易日组成，成交量巨幅放出（呈天量状态），且三日的量能放大效果相近；在B点，成交量突然大幅度缩减，与之前紧临的A段相比，量能的缩减没有过渡，呈现为断层式缩减。这种量价形态是由主力出货行为引发的。

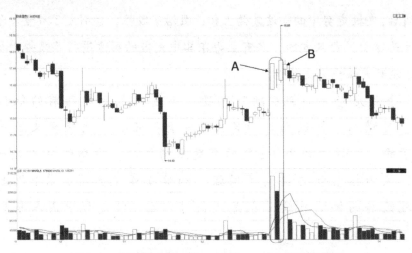

图2-4　合肥城建2016年11月至2017年4月的走势图

主力出货阶段中，伴有量能连续巨量放大现象，一旦进入出货尾声，成交量会突然缩减，股价就会呈断层式下降。连续放量见于主力出货阶段。这个阶段往往就是中短线见顶时。因而，依据这一量价形态，短线操作上，我们应卖股离场。

小贴士

成交量的市场含义深层解读是我们学习量能的突破口。实战中，我们既要关注典型的量价配合形态，也要学会以分析的思维方式来解读其市场含义。毕竟，对于变幻莫测的股市，飘忽不定的个股，如果只知表象（形态特征），而不明内理（市场含义），则很难作出准确判断。

2.2　价升量升

随着价格走势的节节攀升，成交量也不断放大，即随着价格的创新高，量能也同步创出了新高，两者呈现出一种同步的正相关放大特性。价升量升是正常的量价关系，它与投资者在股价上涨时有更强获利离场意愿的共性心态有关，与之对应的是"价跌量缩"。价升量升的解读，要结合趋势运行、波段走势来分析。本节中，我们将结合不同的情形加以说明。

2.2.1　趋势行进途中

趋势上行阶段的价升量升是一种整体形态，是指随着股价的波段上涨、创出新高，成交量也随着进一步放大、创出新高，两者呈同步、正向的放大关系，也常称之为"量价齐升"。

市场含义

"量价齐升"这种形态说明场外的买盘力量强大，且正加速涌入，是市场处于"有价有市"行情的体现。如果价格此时正处于稳健的上升通道中，则这种量价配合形态是升势仍将强势运行下去的反映。

量价齐升的整体形态更常见于分析大市运行中，因为大市的运行不会因个别主力的操控而改变，而是多空力量平衡之后的结果反映。

形态特征

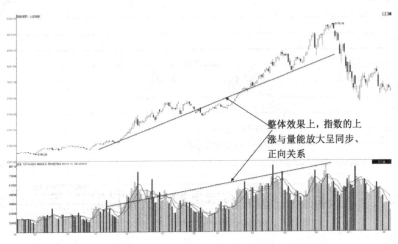

图2-5　上证指数2014年8月至2015年8月的走势图

如图2-5所示，在上证指数2014年8月至2015年8月的走势图中，股市在2015年6月之前处于上升趋势运行中。随着指数的节节攀升，成交量也相应地不断放大，后续上涨波段的量能要高于之前的上涨波段。这就是量价齐升，是市场做多动能充足、上升趋势持续性强的标志。因此，依据这种量价齐升的形态，我们也可以更好地识别、把握升势。

2.2.2　短线上涨波段

市场含义

短线上涨波段，特别是创出近期新高的一波上涨走势中，若成交量相应放大，则代表买盘较为充足，抵挡了不断离场的获利盘抛压，是股价上涨波段的正常量价关系。在实盘操作中，我们应关注股价的累计涨幅、短线涨速及波段上涨时的量能放大情况，只有当三者配合较为理想时，个股的上涨才更可能持续下去。下面结合一个案例加以说明。

形态特征

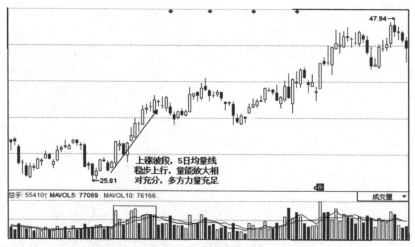

图2-6　法拉电子2016年1月至4月的走势图

如图2-6所示，在法拉电子2016年1月至4月的走势图中，股价在一波创新高的上涨波段中，5日均量线稳步上行，量能放大，期间收于阳线的交易日均有量能的明显放大。这是资金积极入场、多方力量充足的标志，也是股价上涨稳健、短线高点有支撑力的信号。在操作中，这类个股的中线机会值得关注：当短线回调、获利抛压减轻后，新一轮的上涨走势出现概率很大。

2.2.3 下跌反弹波段

市场含义

下跌趋势刚刚展开时，反弹上涨走势无论放量效果如何，由于与顶部位置较近，风险都未得到充分释放，所以不宜参与反弹行情。但是，当股价累计跌幅较大，又出现了量能放大较为充分的反弹行情时，表明此位置点有资金介入。虽然放大的量能表明反弹时阻力重重，但也从侧面彰显了资金的入场力度。这往往是中期底部开始构筑的信号。在操作中，投资者可以逢回调低点买入，搏取出现概率较大的新一轮上涨波段的利润。

形态特征

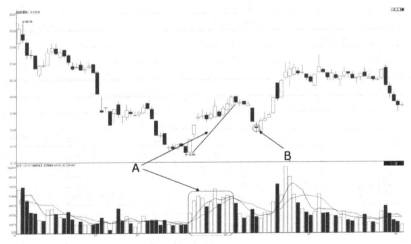

图2-7 永太科技2015年12月至2016年8月的走势图

如图2-7所示，在永太科技2015年12月至2016年8月的走势图中，A段

（反弹走势）的成交量放大明显，持续时间相对较长，且个股累计涨幅、短线涨幅均较大。这是资金入场的信号。随后，一波深幅调整，使得反弹幅度跌去了一半左右，距离前期反弹最低点也不远。这就是一个短线入场抄底、搏取新一波上涨走势的好时机。

2.2.4　震荡回抽波段

市场含义

震荡回抽波段是指个股上下震荡幅度相对较大，整体运行格局犹如在箱体之中，触及箱底时出现反弹，触及箱顶时反转向下。当股价由箱底回抽反弹至箱顶时，这个上涨波段会有量能的放大。一般来说，回抽波段的放量效果过小或过大都不利于随后的突破行情展开，只有较为温和的放量，且箱体区间相对较窄，才更利于突破的出现。

形态特征

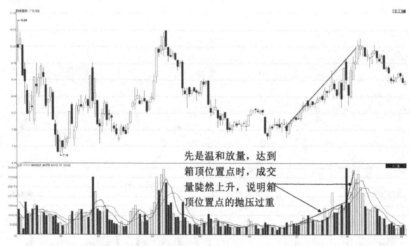

图2-8　广弘控股2016年1月至9月的走势图

如图2-8所示，在广弘控股2016年1月至9月的走势图中，股价在箱体区中反复震荡：一波震荡上行走势中，成交量先是温和放量，达到箱顶位置点时，成交量陡然上升，说明箱顶位置点的抛压过重。此形态下，在箱顶附近放出巨量是较为明确的中短线卖出信号。

对于"价升量升"的局部走势来说，我们要结合放量效果及个股整体走势格局综合分析，看看放量的原因，当前的股价点位是否有资金持续流入。一般来说，过小的放量效果或过大的放量效果都不利于后续行情的展开。

2.3 量价背离

2.3.1 升势冲顶波段

市场含义

在牛市中，成交量主要用于判断买盘力量的强弱：当个股处于上涨趋势中时，如果成交量可以在总体上保持持续放大的效果，就代表买盘力量可以持续增强，说明上涨势头仍将继续；一旦买盘力量逐渐衰弱，成交量就很难再放大，股价连创新高，成交量却不见放大甚至减少，无法放大或缩小的成交量对现有价格走势的影响也会渐渐衰退，这常常是上涨趋势逆转的征兆。

形态特征

如图2-9所示，在华资实业2015年1月至2016年1月的走势图中，该股股份在累计涨幅较大的情形下，再度震荡上行。此时的量能远小于前期主升浪的量能，这就是升势冲顶时的量价背离。它标志着买盘入场意愿下降，此时的上涨更多是源于持股者的良好锁定，但这种情形会随着股价的滞涨而被打破，从而引发行情反转。操作中，在量价背离的震荡上行波段，我们应逐步减仓，以规避趋势反转风险。

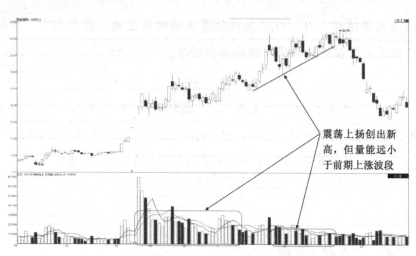

图2-9 华资实业2015年1月至2016年1月的走势图

2.3.2 跌势探底波段

持续的下跌走势中，量能整体萎缩，并在累计跌幅较大的位置点出现了一波放量下跌且创出新低，这是跌势中的量价背离形态。

市场含义

下跌途中是呈整体缩量的，这是买盘无意入场的标志。但是，在跌势探底阶段，特别是最后一波下探走势中，若出现了放量下跌，则就是恐慌盘离场的信号，也代表着买盘资金的入场，中短线底部有望出现形态反转。这最后一波放量下跌，可以视作预示跌势见底的量价背离形态。

形态特征

如图2-10所示，在中茵股份2015年12月至2016年7月的走势图中，A段的放量下跌出现在累计跌幅较大的位置点，是跌势中的量价背离，预示着中期底部的出现；B段的企稳走势则是多空力量转变的一个短线过渡阶段，也是我们中短线买股布局的时机。

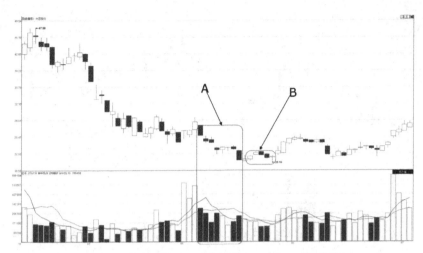

图2-10　中茵股份2015年12月至2016年7月的走势图

2.3.3　高位反弹波段

在创新高的一波上涨走势之后，个股出现了深度调整，随即再度反弹上涨，若这一波反弹上涨时的量能明显小于之前上涨段的量能，则称之为高位反弹波段的量价背离。

市场含义

高位反弹段的量价背离是买盘入场意愿低的标志，也是多空力量开始转变的一个过渡阶段。随着个股二次探顶而无法上攻形态的出现，新一轮的破位走势出现概率也在大大增加。在操作中，投资者应及时逢高卖出，规避风险。

形态特征

如图2-11所示，在高能环境2016年8月至12月的走势图中，该股股价在高位区出现了震荡走势，震荡反弹波段的量能虽有所放大，但却远远小于前期上涨波段的量能，两者对比来看，买盘的入场力度明显下降。这是该股突破上攻动能不足的标志，也是卖股离场信号。

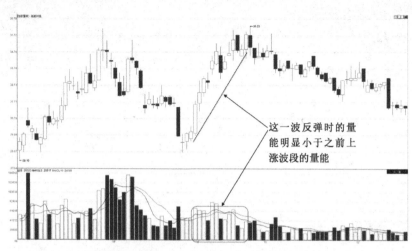

图2-11　高能环境2016年8月至12月的走势图

　　量价背离形态打破了原有的量价形态，常见于较为典型的位置点，如大涨之后的高位区，大跌之后的低位区。一般来说，当量价背离形态出现后，原有的趋势运行节奏被打破。这往往是趋势反转的信号。

2.4 放量形态与策略

　　放量是成交量的明显异动，放大的量能代表着买卖双方交锋的升级，也是股价走势开始剧烈变动的信号。放量时，机会与风险并存。投资者只有学会分析放量下的市场含义，理解常见的放量形态，才能更好地利用成交量展开交易。

2.4.1 脉冲式放量

　　脉冲式放量是指成交量在某一两个交易日中出现突兀式的放大，且放量效果十分明显：近一两个交易日的量远远超于此前的均量水平。但是，在这一两个交易日之后，成交量又突然恢复到了此前的均量水平附近。

这种在单日或双日内成交量暴增的脉冲式放量形态，打断了个股交投过程中的连续，多是主力影响的结果或上市公司重大利好的突然发布以及重大、意外（利空）事件的影响，其成交量往往可达到正常水平的3倍以上。

市场含义

一般来说，脉冲式放量的原因主要有两种：一种是消息面的刺激，另一种是主力在盘口中的积极运作。下面我们分别来分析这两种情况。

若利好消息刺激引发了脉冲式放量上涨，由于脉冲当日的量能放大过度，对短期内买盘的消耗过大，则随后出现的量能突然缩减就表明买盘入场不连贯，是回调信号。

若主力的盘口操作引发了脉冲式放量下跌，则这往往是主力快速出货的标志，个股随后极有可能出现短期急跌走势。

在盘面上，脉冲式放量上涨多出现在中短期高点时，个股短期内回调下跌的概率较大。脉冲式放量是一种很常见，且极为重要的量形态，我们一定要掌握它。下面我们结合实例来做说明。

形态特征

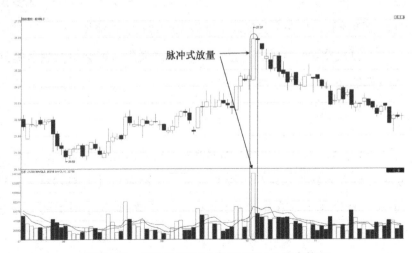

图2-12　银河电子2016年7月至11月的走势图

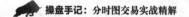

如图2-12所示，在银河电子2016年7月至11月的走势图中，股价在短期持续上涨之后，于单个交易日收于长阳线，突破势头较为强劲。但是，单日量能异常放大后，次日又骤然下降。这正是脉冲式放量上涨。这种量能形态出现在短线高点时，预示着个股出现短线深幅调整的概率较大，应卖出以规避风险。

2.4.2 井喷式放量

井喷式放量出现在个股缓缓上涨走势中，是价格走势飙升、成交量急剧放大的一种量价形态。井喷式放量可持续多个交易日，其放量效果接近。

市场含义

在震荡上扬的缓慢攀升走势中，多方力量释放得不急不缓，让个股股价可以很好地保持上涨的连续性。但是，若此时出现了井喷式量价形态，大多预示着多方力量正加速释放，且在个股加速上涨时面临着较重的抛压。

随后，一旦成交量无法有效放大、股价上涨受阻，就会引发更多的抛盘离场，个股中短期的回调下跌走势也在所难免。

形态特征

如图2-13所示，在陕西黑猫2016年9月至12月的走势图中，该股股价在A段上涨的几个交易日里出现的井喷式放量。这种量价关系难以持久，股价也很难企稳于短线高点。在图中的B点位置，连续3日收于滞涨的十字星整理，且量能开始快速缩减。这正是井喷式放量后的买盘力量枯竭标志，也是卖股离场的信号。

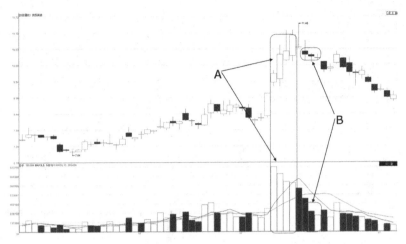

图2-13　陕西黑猫2016年9月至12月的走势图

　　一般来说，这一量价关系出现在不断攀升的上升途中时（此时的个股累计涨幅并不很大），仅代表股价的阶段性回调走势即将出现，并非是上升走势反转的信号。只有当这一形态出现在前期已有较大升幅的背景下，才是预示上升趋势反转的趋势反转信号。

2.4.3　滞涨式放量

　　滞涨式放量是指个股在一波上涨之后，位于阶段性的高点，此时价格走势无力上涨，但成交量却持续保持相对放大的形态，并没有缩小。

市场含义

　　成交量是买卖双方交易数量的体现，放大的成交量说明多空双方交锋较为激烈。滞涨式放量形态体现了这样一种信息：买盘此时入场的力度很大，但仍然无法有效推升个股上涨。这是市场当前抛压较重的体现。

　　"涨时放量，跌时缩量"这是常态，但现在放量都无法上涨，随后，一旦买盘的入场力度减弱，则个股一波回调下跌走势也就在所难免。在实盘操作中，若个股在阶段性的高点出现了这种放量滞涨形态，则我们宜进行短线卖股操作，以规避短线下跌的风险。

形态特征

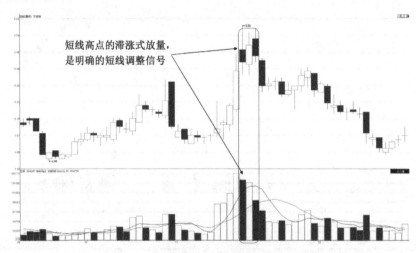

短线高点的滞涨式放量，
是明确的短线调整信号

图2-14　宁波港2016年9月至12月的走势图

　　如图2-14所示，在宁波港2016年9月至12月的走势图中，此股股价上涨时的放量较为明显，在短线高点，连续3个交易日无法推升股价，但成交量没有缩减。这是持续时间相对较短、股价重心未见上移的滞涨式放量。它同样也是下跌信号。除此之外，还有持续时间相对较长、股价重心略有上移的滞涨式放量表现形式，见下例。

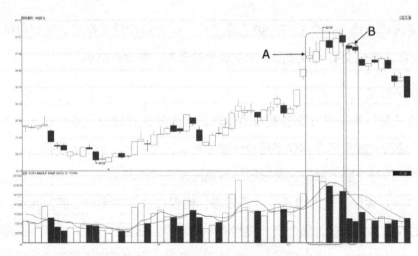

图2-15　华钰矿业2016年5月至7月的走势图

如图2-15所示，在华钰矿业2016年5月至7月的走势图中，A段走势中，股价缓缓攀升，成交量异常放大。这是堆量爬坡形态，也是滞涨式放量的一种表现形式，称为堆量滞涨。随后B点的两个交易日里，成交量骤然下降，预示着调整走势将出现，此时应卖出离场。

小 贴 士

与堆量滞涨形态相似的一种形态是"堆量整理"。该形态是指个股在整理走势中出现了连续数个交易日的大幅度放量。在堆量整理形态中，无论个股的整理走势是与大盘同步型的，还是逆市抗跌型的，它都可以看作是随后下跌走势即将出现的信号。

2.4.4 连续放量

连续放量是指主力在连续多个交易日进行了放量。这时伴以股价的快速飙升，是一种很常见的形态。它的视觉效果非常强烈。在K线图上，我们既可以看到股价的快速飙升，也可以看到连续放大的量能，且量能放大效果远超前期均线水平。

市场含义

连续放量上涨，多见于主力控盘能力不强的个股。这时主力通过突击买入卖出制造买盘涌入、多方力量极强的视觉效果。投资者普遍有"放量上涨"的思维习惯，并喜爱追涨有量能支撑的个股，主力则借助这种追涨氛围，悄悄出货。

实盘操作中，操作连续量能的个股，一要看放量效果，二要看个股短期走势。只要放量充分、未见量能萎缩，且股价重心仍在攀升之中，则可持有；反之，则应卖出。

形态特征

如图2-16所示，在国民技术2015年12月至2016年11月的走势图中，在连续放量的短线高点，股价上蹿下跳，随后量能出现了缩减。量能缩减时应卖出股票。

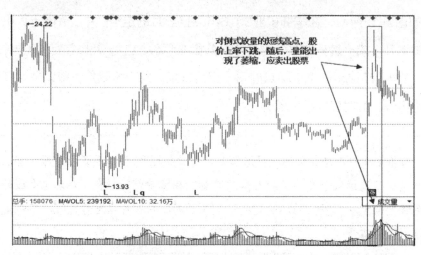

图2-16　国民技术2015年12月至2016年11月的走势图

小贴士

很多主力在控盘一只个股的过程中，会反复使用同一手法，连续放量手法也是如此，这常见于横向震荡走势中。在震荡反弹阶段，量能异常放大，当股价达到震荡区高点时，量能开始快速缩减。对于这类个股，我们可以结合震荡区间反复地进行波段交易。

2.4.5　递增式放量

递增式放量是一种成交量呈逐级递增放大的形态。一般来说，这种逐级递增的效果可以维持5个交易日左右。由于每一交易日的成交量都相比前一交易日出现了小幅度的放大，所以在视觉效果上我们看到了成交量呈现阶梯式上升的形态。这就是所谓的递增式放量。

在实际应用中，只要成交量在数个交易日内呈现一种持续增加的势头，我们就可以认为这种形态属于递增式放量。

市场含义

递增式放量出现在上涨途中是一种人气逐渐汇集的过程，出现在下跌途中则是恐慌情绪逐渐加重的过程。在短线的递增式放量上涨波段，它既是买盘入场力度不断加强的标志，也是市场抛压不断加重的信号，一旦买盘入场力度减弱，短期高点的抛盘也将促使股价调整。因此，递增式放量的量能峰值处，往往就是短线回调点。操作中，投资者可以结合"量价峰值"来把握递增式放量上涨形态中的短期高点。

形态特征

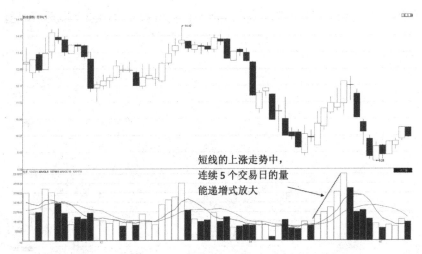

图2-17　思源电气2015年11月至2016年2月的走势图

如图2-17所示，在思源电气2015年11月至2016年2月的走势图中，在一波反弹走势中，连续5个交易日的量能递增式放大。这是买盘加速介入的表现。但个股的趋势已整体向下，递增式放量只是反映了短期内的买卖盘关系，它难以影响趋势的行进。操作中，递增式放量的量能峰值处，就是我们搏取反弹交易中的获利卖出时机。

小贴士

　递增式放量是一种局部量能形态，用于帮助投资者判断短线高、低点。投资者在分析趋势运行、把握趋势反转时，还应结合更多的盘面信息。

2.4.6 天量大阴线

天量大阴线是指个股当日的收盘价明显低于开盘价，且当日的成交量不仅远远高于此前的均量、前几日的量能大小，还往往会创出近几年的新高。

市场含义

天量大阴线形态常见于短线高点，特别是涨停板次日，是资金出逃力度极大的标志。由于当日收于大阴线，说明空方占据了完全的主动，正逢高出货，大多预示着短期内将是深幅下跌走势。操作中，投资者应卖出股票以规避风险。

形态特征

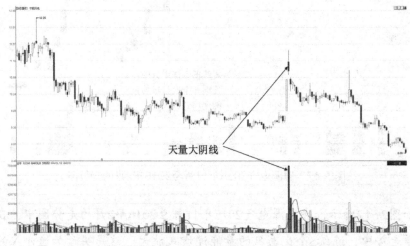

图2-18 华锐风电2016年3月至2017年1月的走势图

如图2-18所示，在华锐风电2016年3月至2017年1月的走势图中，虽然该股以一个涨停板突破了低位盘整区，但涨停次日却收出了天量阴线形态，结合个股的基本面很差，净资产极低、企业处于亏损状态。于是，我们可以判断，前一日的涨停板并不是行情出现的信号。它只是主力"假拉升、真出货"的一种诱多手法。天量阴线形态的出现，正是主力出货的真实写照，从该股随后的走势来看，天量阴线也预示了新一轮下跌行情的展开。

2.5 缩量形态与策略

放量代表着买卖活跃，与股价的剧烈波动直接相关，最易获得投资者关注。但是，缩量并不只是买卖清淡的表现。在很多时候，缩量更能反映主力的控盘情况，我们要想更好地把握跟主力时机，就一定要对缩量有更为深入的理解。

2.5.1 下跌途中缩量下跌

下跌途中缩量下跌是指个股在震荡下跌过程中，或者是持续下跌过程中，成交量一直保持在一个明显缩小的状态，整体量能呈缩小状态。

市场含义

在个股趋势走坏，特别是股价重心不断下移时，缩量下跌是买盘无意入场、空方力量占据明显主导的标志。只要缩量下跌这种量价配合关系不被明显打破，一般来说，这标志着跌势仍未见底，操作中，不可冒然抄底入场。

形态特征

如图2-19所示，在久远银海2016年5月至2017年1月的走势图中标示了高位滞涨区的支撑线点位及A、B两段走势。在A段走势中，股价震荡下滑至支撑线点位，量能明显缩减。此时还难以判断是否会破位下行，但结合股价所处的高位区，在参与中短线交易时，只宜轻仓。随后的B段走势出现了破位，仍然是缩量下跌。这就明确了跌势持续、破位下行的行情已然出现。操作中，若投资者之前进行了短线买股操作，此时则应及时逢反弹之机卖出离场，规避风险。

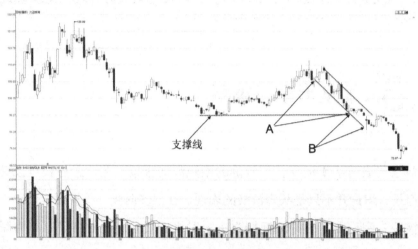

图2-19　久远银海2016年5月至2017年1月的走势图

2.5.2　反弹波段缩量

反弹走势出现在下跌途中，个股的股价重心不断下移，在一波短线下跌之后，股价开始反弹，但反弹时的成交量明显较小，且随着反弹的持续，量能越来越小。

市场含义

反弹波段缩量表明买盘还未大规模入场，此时的反弹走势仅仅是因为超跌状态下的套牢盘惜售引发的。一旦短线反弹有一定幅度，势必会引发被套盘较强的抛售意愿，从而结束短期反弹行情。操作中，这种无量反弹是不宜追涨买入的。

形态特征

如图2-20所示，在哈药股份2015年12月至2016年4月的走势图中，该股在深幅下跌之后，出现了一波反弹走势，但这一波反弹走势明显没有量能支撑。随后，成交量不断缩减。这种缩量反弹行情很难站稳于短线高点。操作中，即使该股已累计跌幅较深，但在短线操作上，仍应以卖出为主。投资者可等短线回调企稳后，再度买入。

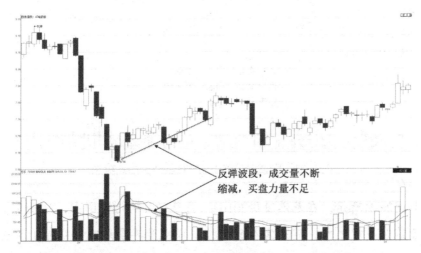

图2-20　哈药股份2015年12月至2016年4月的走势图

2.5.3　低位长期企稳中再度缩量

个股在长期下跌后的低位区，或者是累计涨幅很小的低点位置区，出现了长期的横向震荡走势，成交量保持在相对稳定的状态下；随着震荡走势的持续，在随后的中短期横向整理中，成交量再度缩减，明显低于之前震荡时的量能，这就是企稳走势中的再度缩量形态。

市场含义

低位区的长期企稳走势代表着多空力量趋于平衡，随后的再度缩量整理的出现，则表明筹码的锁定度大幅提升。在低位区，筹码锁定度提升往往就是主力入场的信号，也预示着个股随后的上升行情有望展开，是机会的象征。

形态特征

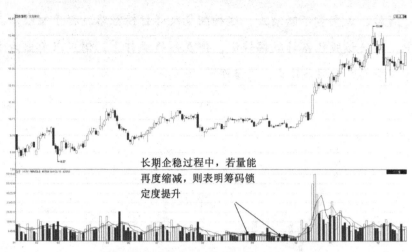

图2-21　龙溪股份2016年1月至12月的走势图

如图2-21所示，在龙溪股份2016年1月至12月的走势图中，此股在低位区处于震荡整理之中，随着震荡的持续，成交量再度缩减，明显小于前期震荡时的量能。低迷的成交量代表着良好的筹码锁定度。从该股随后走势来看，这也是其启动前的一个过渡阶段。

2.5.4　整理中的极度缩量点

极度缩量点是指在横向整理走势中，个股的量能处于相对缩小的状态，在走势节奏未出现变化的情况下，成交量却在某个（或几个）交易日内突然大幅缩减，量能极度缩小。

市场含义

极度缩量的突然出现代表着市场浮筹已经很少了，主力可以通过盘中买卖行为使个股放量，但却无法阻止市场的正常交易。极度缩量往往就是在主力未参与当日交易的背景下出现的，既是市场浮筹少的标志，也是个股有主力积极运作的信号。因此，若这种情形出现在低位整理走势中，则是机会的象征。

形态特征

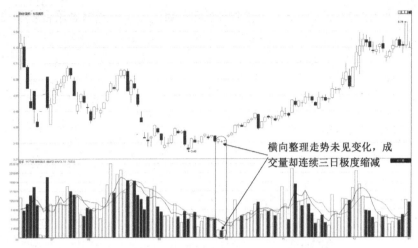

图2-22　东百集团2015年6月至2016年1月的走势图

如图2-22所示，在东百集团2015年6月至2016年1月的走势图中，该股在低位的横向整理走势中，突然出现了连续3个交易日的大幅缩量。结合同期量能就处于缩小状态来看，这三日的量能是极度缩量形态，表明主力此时的持筹比例较大，该股有望在主力运作下步入上升通道。操作中，投资者应买股布局。

2.5.5　放量上攻后的低点缩量平台

"放量上攻后低点缩量平台"有着鲜明的放量、缩量对比效果，个股先是放量上攻，短期走势极具独立性，短线上涨时的攻击势头强劲，放量显著；随后，股价出现回落，回落的位置点接近放量上攻前的起涨点，并在这个起涨点做横向整理状，缩量特征明显。

市场含义

独立的放量上攻走势代表着主力资金的进攻，也是个股股性活跃的标志。在短线上攻后的高点，往往受大盘拖累，股价向下回落，并在低点横向整理。由于高点的停留时间较短，主力没有足够的出货时间，再度回到低点时的成交量萎缩，则表明筹码锁定度较高。这是主力仍在其中的标志，也是个股有望在大盘回暖后二度上攻的信号。操作中，这个短线回落后的低位缩量整理平台就是投资者买股布局的时机。

形态特征

图2-23　中青宝2015年12月至2016年12月的走势图

如图2-23所示，在中青宝2015年12月至2016年12月的走势图中，A段走势是独立的放量上攻形态，量能放大显著，并在随后的高点停留时间较短，两波持续回落后，股价接近起涨点；B段走势呈横向整理状，且量能大幅萎缩，这就是主力控盘下锁仓操作引发的，是市场浮筹较少的标志之一，是我们买股入场的时机。

小贴士

在利用缩量形态分析主力行踪、把握交易机会时，我们一定要注意"缩量"的相对性，即结合股价之前的量价关系来分析当前的缩量含义，以此才能做出正确的判断。

第3章

盘口分时深度解读

在掌握了盘口分时图基本知识、量价配合常见形态之后，我们就可以进一步学习盘口分时图的进阶性知识与策略。这是我们对分时图更深一步的分析与判断，也是随后讲解各种具体分时图形态的奠基性知识。本章中，我们将从开盘情况、盘中强弱、市场风向、趋势特征等角度来进一步讲解分时图的深层知识。

3.1 开盘情况

集合竞价情况决定着当日的开盘情况，有高开、低开、平开3种。每个交易日之后，受场外消息面、投资者心理、主力控盘等多种因素的影响，开盘价往往与上一交易日的收盘出现较大差距。这或许是机会的象征，也可能是风险的信号。实盘中，我们既要结合个股所处位置点，也要结合市场情绪，才能更好地把握机会，规避风险。

3.1.1 平开

开盘价高于上一日的收盘价则称为高开，低于则为低开，等于则为平开。

平开，或者是小幅度的高开、低开，代表着交易的连续性，个股有望延续前一交易日的走势。但是，如果高开或低开的幅度较大，则是明显的异动，价格走势有望在开盘后即掀起波澜。

形态特征

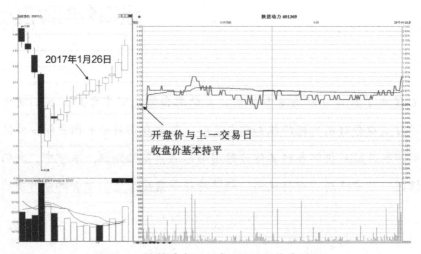

图3-1　陕鼓动力2017年1月26日的分时图

如图3-1所示，在陕鼓动力2017年1月26日的分时图中，从局部走势来看，该股处于低点反弹上涨波段，反弹幅度较小，当日为平开。这是价格走势有望延续的信号。当日该股收出小阳线，也说明多方力量在短线内仍占据一定主动。

3.1.2　高开

若出现了较大幅度的高开，说明经过了一夜思考之后，投资者的主动买入意愿增强了。之所以如此，可能是受利好消息面刺激，也可能是主力将有所行动。

明显的高开，可能是机会，也可能是风险。我们要结合股价所处位置点及消息题材面来综合判断。

若幅度较大的高开出现在低位盘整后的突破位置点，则多数表明多方蓄势完毕、开始上攻；但是，如果出现在高位区间，则要提防高开的诱多性。

高开的机会

在低位区长期盘整之后，或者是短线上攻刚刚展开，此时若出现了明显的高开，则往往表明主力有意拉升个股、一波突破上攻行情展开，是买入的机会。

形态特征

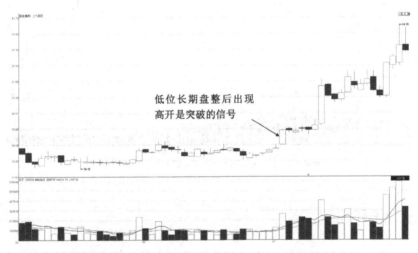

低位长期盘整后出现高开是突破的信号

图3-2　上汽集团2016年5月至7月的走势图

如图3-2所示，在上汽集团2016年5月至7月的走势图中，低位长期整理中，该股先是连续数日收于小阳线，但短线涨幅较小。此时，一个明显的高开使得股价呈突破整理区态势，这就是行情出现的信号，可以适当参与、追涨买入。

高开的风险

在中线累计涨幅较大，或是短线大幅上涨后，若再度出现了高开，则不宜追涨入场，因为这很可能是多方力量的最后集中释放，一旦发现个股有短线滞涨倾向，则应果断卖出、规避风险。

如图3-3所示，在南风股份2015年9至12月的走势图中，该股的中线累计涨幅极大，明显高开之后的数日内，个股横向滞涨。这种高开就是风险的信号，宜卖出。

中线累积涨幅较大，前后几
日横向滞涨，应卖出股票

32.50

13.55

总手: 56091 MAVOL5: 72762↑ MAVOL10: 70874

成交量 ▾

图3-3　南风股份2015年9至12月的走势图

3.1.3　低开

低开是一个危险信号，特别是集合竞价成交数量较多时所导致的大幅度低开，往往与主力出货有关，是破位下行走势将展开的标志。

当然，大幅度的低开有时也可能成为买股机会：当个股经中短期急速下跌之后，再度出现的大幅度下跌有可能引发抄底资金的介入，从而出现低开高走。

大幅低开的风险

缓慢下跌的阴跌走势中，或者是震荡区破位点，一旦出现了明显的低开，大多预示着一波深幅下跌走势将展开，是风险的信号。

形态特征

如图3-4所示，在雅戈尔2016年7月至12月的走势图中，该股共出现了两次大幅低开，一次是缓慢下跌走势中，一次是反弹后的整理区。两次的低开都引发了一波下跌行情。可以说，低开是一个危险的信号，因为它代表着空方已经占据主动，相关个股的短线下跌空间已经打开。操作中，持股者宜止损离场。

图3-4 雅戈尔2016年7月至12月的走势图

大幅低开的机会

低开若出现在短线跌幅较大的背景下，多预示着短期内空方力量的最后集中释放，个股有望迎来反弹行情。但是，若同期市场成交量较低、成交较为清淡，则反弹力度往往较弱。在搏取反弹时，投资者宜轻仓参与。

形态特征

如图3-5所示，在法兰泰克2017年1至4月的走势图中，该股自高点开始持续下跌，期间没有任何反弹出现。随后，在短线累计跌幅达40%的情形下，再度出现明显低开。这是短期内市场非理性恐慌抛盘引发的，也是空方力量的集中释放。该股随后有望迎来反弹。但同期市场成交低迷，因而，在搏取反弹时，我们一要降低预期收益空间，二要控制好仓位、设定止损位并严格执行。

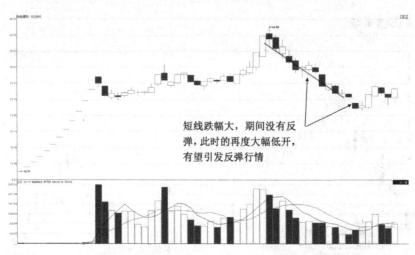

短线跌幅大，期间没有反弹，此时的再度大幅低开，有望引发反弹行情

图3-5　法兰泰克2017年1至4月的走势图

小贴士

开盘价是一个交易日之始，往往也是短期内走势方向的提示信号。短线交易中，对于明显的低开、高开，我们一定要结合个股中短线走势特征来分析，并展开操作。这样才能更好地把握机会、规避风险。

3.2　盘中强弱判定

对于盘口分时图来说，利用盘中信息来判定个股及市场的强弱是短线交易的关键所在。我们既要分析个股的强弱特征，也要结合市场运行来操作。本节中，我们在前面讲解的基础上，分析如何利用盘口形态了解个股的独立性与强弱情况。

3.2.1　与均价线位置

粗略的分析，股价运行于均价线上方，是多方占优；反之，则是空方占优。但是，在很多时候，这种分析所得出的结论却并不正确。这是因为我们没有更深入一步了解分时线与均价线的微妙关系。下面我们通过几种普遍的具体位置关系来说明如何更好地发挥均价线的短线作用。

回落不靠均价线

这是指分时线强有力地运行于均价线上方，始终与均价线保持一定距离，股价的短线回落在未靠拢均价线、与其有一定距离时，就开始再度回升。一般来说，这种形态是买盘十分充足、多方力量明显占优的信号。这种情况下，只要个股的中短线涨幅不大，则随后的短线行情是值得期待的。

形态特征

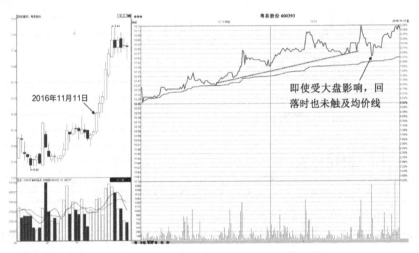

即使受大盘影响，回落时也未触及均价线

图3-6 粤泰股份2016年11月11日的分时图

如图3-6所示，在粤泰股份2016年11月11日的分时图中，早盘时，股价附着于均价线上方，但午盘前后，股价走势明显增强，与均价线始终保持一定距离，即使在大盘调整出现了一波较快下跌时，股价也未触及均价线。这就是一个典型的盘口强势分时图。从日K线图来看，该股中短线涨幅较小，又处于盘整突破点。此分时图或预示了突破行情将展开，是短线买入信号。

分时线粘合均价线

分时线粘合于均价线是指分时线上下小幅度地围绕均价线波动，或者是分时线虽然运行于均价线上方，但却于均价线距离极近，几乎粘合在了一起。

我们知道，对于股性较活的个股来说，股价的运行方式是"不涨即跌"，股价的高点是维持不住的，要想保住之前的上涨成果，最有效的方法只能是让其再度上涨。这种盘口形态出现在盘中高点时，多代表着多方推升无力，短线获利抛压相对较大。这在短线交易上，是应作卖出操作的。

形态特征

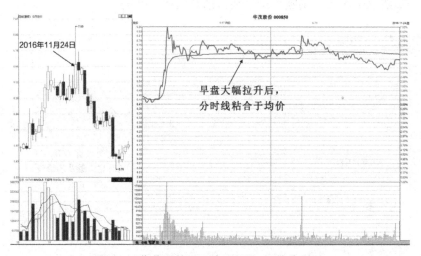

图3-7　华茂股份2016年11月24日的分时图

如图3-7所示，在华茂股份2016年11月24日的分时图中，股价于当日早盘大幅上扬，呈突破之势，在盘中高点回落，分时线附着于均价线。这种粘合形态表明多方上攻力量已然不足。虽然日K线收出突破型的大阳线，但盘口形态则提示我们这种突破无功而返的概率更大。操作中，投资者应注意风险，不宜追涨买入。

反弹不靠均价线

"反弹不靠均价线"与"回落不靠均价线"正好相反，其是空方力量在盘中占据完全主动的标志。一般来说，出现在个股破位下行走势中，是一波急速下跌行情展开的信号。

形态特征

如图3-8所示，在文科园林2017年1月12日的分时图中，股价于当日跳空低开向下跌破了窄幅整理区，分时线一直运行于均价线之下，始终无力反弹，反弹时的位置也没有靠拢均价线。这是空方力量占据完全主动的信号。虽然该股的中短线已经跌幅较深，但"跌势不言底"。当空方占据了完全主动后，短线操作上，我们不可以冒然抄底入场。

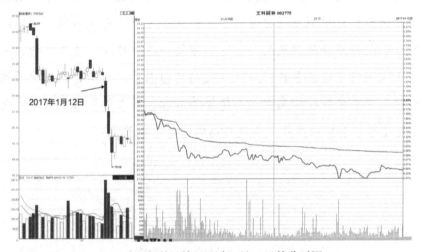

图3-8 文科园林2017年1月12日的分时图

小贴士

回落不靠均价线、分时线粘合均价线、反弹不靠均价线是较为常见、市场含义相对明确的三种盘口形态。除此之外，分时线与均价线的位置关系还有很多种。实盘中，我们既要关注分时线与均价线位置关系的实时变化情况，也要注意结合日K图综合分析，才能得出更准确的结论。

3.2.2 同类股涨幅

股票市场的热点往往是以板块的方式呈现的，个股的独立上涨很难引起市场共鸣，主力一般也不会选择强拉某一只个股。对于市场的这种特性，投资者在实战中应注意同类个股的表现，某只个股在盘中上涨幅度较大时，我们可以观察它的题材面、同板块个股的联动性，以此来分析个股短线行情的持续力度，并决定是否参与交易。

形态特征

如图3-9所示，在赛为智能2017年3月6日的分时图中，股价于当日涨停开盘，开板后于盘中高点强势运行。此时是否可以追涨入场呢？判断的一个关键点就是要结合题材热度。当时的市场一度追捧人工智能概念，之前有科大讯飞快速上攻，当日得益于场外消息面因素，人工智能板块再度获资金入驻，相关个股纷纷高开，而像赛为智能、科大智能这类前期未见炒作、仍处于低位蛰伏的个股，当日则以无量涨停板开盘。

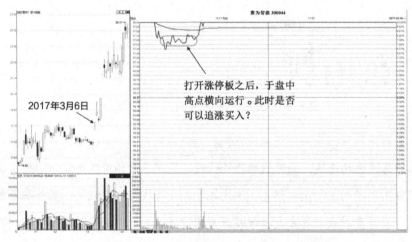

图3-9　赛为智能2017年3月6日的分时图

形态特征

对比图3-10的科大智能（2017年3月6日）来看，在赛为智能开板期间，此股依旧牢牢封死涨停板、抛单很少，再结合当日整体上扬的板块特点来看，个股的短线行情仍有上攻空间。因而，短线交易上，可以适当追涨买入。这也是我们常说短线交易"买涨不买跌"的一个案例写照。因为短线行情"重势不重质"，而在具体分析个股短线上攻势头时，则应参照同类股的表现。

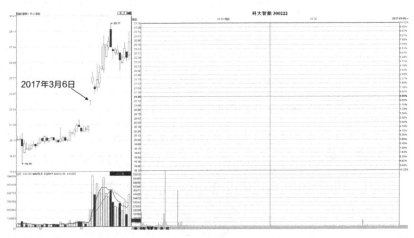

图3-10　科大智能2017年3月6日的分时图

小贴士

利用涨幅排行榜来观察当日的市场热点所在，是我们把握同类股表现的重要线索。当然，了解相关个股的题材性、对大多数个股的题材有一个综合了解，是我们短线交易必备的能力之一。

3.2.3　涨跌的独立性

在大盘走势处于震荡之际，个股的盘中走势具有一定的独立性，大多标志着主力在其中积极运作，特别是盘中逆市上扬的个股，表明短线上攻力更强，是值得关注的品种。

形态特征

如图3-11所示，在上汽集团2017年4月17日的分时图中，叠加了当日的上证指数分时线。对比可见，在指数于午盘前后跳水时，该股却逆市上扬。这是典型的盘中独立上涨。结合该股正处于低点强势整理平台中，这种盘中独立的逆市上扬形态是短线突破的预示信号，也是短线买入时机。

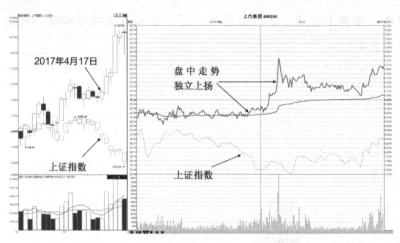

图3-11　上汽集团2017年4月17日的分时图

3.2.4　强弱格局的盘中转变

　　多空双方随着盘中交锋的持续，其力量对比也往往于盘中改变。早盘的强势可以转变为午盘后的弱势，早盘的弱势也可以转变为午盘后的强势。在一个交易日中，强弱对比格局不是一成不变的，其会随着交易而改变，特别是在具有转折意向的位置点上。实盘中，投资者一定要实时观察，留意这种转变，进而采取相应的操作策略。

盘中走势由强转弱

形态特征

　　如图3-12所示，在海鸥卫浴2016年11月24日的分时图中，早盘阶段，此股出现了两波流畅上扬，股价稳步站于均价线上方。这是强势分势图的典型特征。但是，在午盘前后，股价却向下跌破均价线。

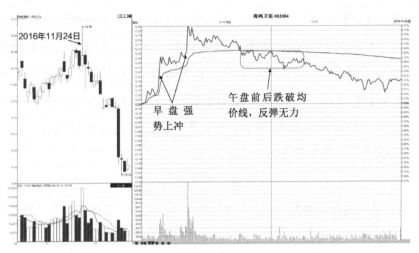

图3-12 海鸥卫浴2016年11月24日的分时图

盘中由强转弱的形态常出现在中短线高点，是短线见顶的信号，预示着一波下跌走势将展开。操作中，投资者应果断卖出、规避风险。

盘中走势由弱转强

形态特征

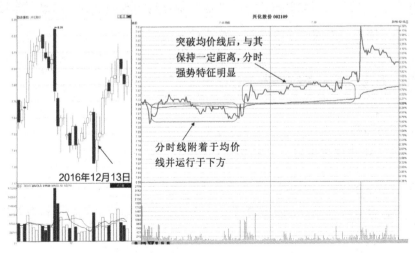

图3-13 兴化股份2016年12月13日的分时图

如图3-13所示，在兴化股份2016年12月13日的分时图中，该股在早盘阶段是分时线的弱势运行格局，但在中午收盘前，分时线向上突破均价线，随之一直保持着强势运行格局。这是分时图多空格局由弱转强的标志。从日K线图来看，该股当日处于中短线低点，反弹空间较大。因而，分时图上出现的由弱转强形态可以看作是一波上涨走势出现的信号。操作中，投资者可以积极买股入场。

小贴士

盘中由弱转强的形态常出现在中短线低点，是短线见底的信号，预示着一波上涨走势即将展开。操作中，投资者应果断出击、把握机会。

3.3 指数与市场冷暖

在股票市场中，个股是大盘中的一份子，大盘指数综合反映着全部个股；反过来，大盘走势又深深影响着个股走势。个股走势有一定的独立性，但对于绝大多数个股、在绝大多数时候，它们的运行都是与大盘同步的，区别只是波动幅度的大小。因此，炒股一定要关注大盘指数。

3.3.1 指数与个股涨跌

看大盘指数

大盘指数既是股市全部个股的一种综合反映，它也反过来深深影响着个股的走势。在大盘持续走高的环境下，个股只要没有明显的利空，也会受带动而上涨；反之，在大盘节节走低的环境下，个股如果没有明显的利好，也是难以与大势抗相抗衡的。

看板块指数

股市中的热点往往是以板块的方式呈现出来的。有的时候，大盘指数只是处于小幅波动状态，但这不代表所有的板块都风平浪静。此时，很可能会有某个板块在相关利好消息的刺激下而成为阶段性的市场热点。这时，透过板块指数的走势，我们就可以很好地把握局部的热点所在。

小贴士

了解板块这一概念至关重要，因为股市中的热点往往是以板块的形成呈现出来的。此时，通过板块指数，我们就可以更好地了解到股市当前的热点在哪里，从而展开实盘操作。

3.3.2　题材轮换

关于题材股

消息、题材是刺激个股波段飙升的重要因素。当上市公司公布利好消息，或者是国家发布产业政策扶持消息时，主力资金往往就会借机大力炒作此类题材股。如果我们能够及时地追涨买入，那么往往可以获得不菲的波段利润。

虽然题材的类型多种多样，但是我们却可以将其统分为以下几种：高送转题材、政策消息题材、上市公司业绩预增题材、资产注入题材、产品价格上涨题材、社会生活中重大事件题材等。可以说，只要是可以称之为"热点"的东西，就可以在股市中变成热点题材。

题材的轮换性

题材是驱动个股上涨的导火索，在股市运行相对稳定的背景下，几乎每个时间段都会有一个受市场关注、占据市场核心的热点题材，相关的题材股也大多涨势强劲，远强于同期大盘。但是，热点题材的持续性一般不会太强，往往会在几日、十几日内结束。这就是题材的轮换特性。

对于短线交易来说，把握题材的能力直接决定着我们短线盈利能力，它甚至比技术分析还要重要。操作中，我们应多关注消息面，特别是政策方面的消息。例如，金融政策的出台、行业的扶持、区域的建设等具体的政策往往都会通过股市的热点题材反映出来。

形态特征

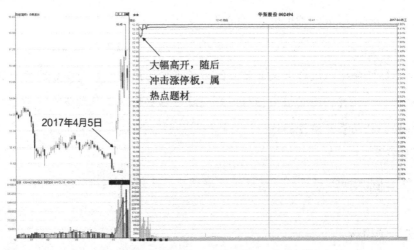

大幅高开，随后冲击涨停板，属热点题材

2017年4月5日

图3-14　华斯股份2017年4月5日的分时图

如图3-14所示，在华斯股份2017年4月5日的分时图中的大幅上涨源于清明节期间国家公布了设立雄安特区，并首提"千年大计"，因而，作为清明节后开盘的第一个交易日，雄安概念股大面积涨停开盘，题材热度爆表，而华斯股份也是题材股之一。

该股日K线图上的中短线跌幅较大，有反弹空间，再借助雄安特区这一热点题材，反弹行情一触即发。另外，当日没有无量涨停开盘，给了投资者较好的第一时间追涨买入机会。

小贴士

热点题材出现后，相关个股常常会大幅度高开，甚至是无量涨停开盘。由于符合题材的个股往往不止一个，所以，投资者应尽量挑选题材面正宗，又能第一时间追涨买入的个股。对于那些连续无量一字板，很难第一时间追涨入场的个股，可以考虑放弃。毕竟题材的热度有一个时间性，当这些个股打开涨停板后，出现短线回落的概率也在增大。

3.3.3 叠加指数

强势股的"强势"是通过它的主动性上涨体现出来的。在大盘大涨、个股普涨的情况下，个股的上涨很有可能是被动的。只有通过对比，我们才能更好地辨识强弱。因而，结合大盘当日的走势情况，观察个股的盘中走势是否更强，也是我们把握强势股的重要依据。在盘中实战中，为了更清晰、直观、实时地将指数与个股走势进行对比，我们可以采取叠加指数的方法。

日K线图叠加指数

在日K线图上进行叠加，我们可以把握阶段性的强势股。一般来说，若同期大盘横向整理、滞涨不前，而个股却能缓缓上行、走势较强，则这大多标志着有主力资金在吸筹，短线有上攻潜力，可给予关注。

形态特征

如图3-15所示，在雅化集团2016年12月至2017年3月的走势图中叠加了同期的上证指数走势，在图中标注区域内，上证指数横向滞涨，但同期的该股却震荡攀升，走势具有独立性。结合该股正处于中短线深幅下跌后低点的实际情况，这种独立的强势运行格局可以看作是主力积极介入的信号。操作中，这类个股的中短线上涨潜力更大，值得关注。

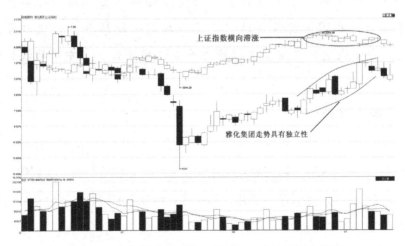

图3-15　雅化集团2016年12月至2017年3月的走势图

叠加指数，不仅可以把握阶段性强势股，也可以规避弱势股。如果一只个股的中短线期走势明显弱于大盘，则往往表明资金出逃力度较大。这类个股在大盘走势稳健时，可以横向震荡，一旦市场情绪转淡，则破位下行的概率极大。

形态特征

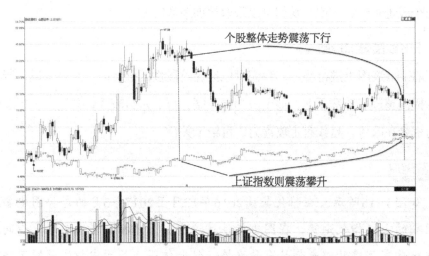

图3-16　山西证券2016年4月至12月的走势图

如图3-16所示，在山西证券2016年4月至12月的走势图中，该股起初的一波强势上涨具有独立性，但股价在相对高位区的运行却开始逐渐弱于大盘。在图中标注区域内，上证指数一路攀升，该股却震荡下跌。这是资金出逃的显著信号。这类个股的风险较大，中短线操作时应规避。

分时图叠加指数

日K线图叠加指数，可以把握中短线走向；分时图叠加指数则能在第一时间内把握机会、规避风险。以交易频率来看，分时图叠加指数的方法更适宜于超短线，特别是在大盘走势震荡不前时，利用分时图来叠加指数，可以有效地规避大多数个股的"鸡肋"行情。

形态特征

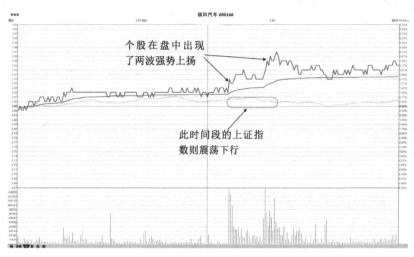

图3-17　福田汽车2016年11月14日的分时图

如图3-17所示，在福田汽车2016年11月14日的分时图中叠加了当日的上证指数。在图中标注区域，个股出现了两波强势上扬，而此时的上证指数则震荡下行。该股的盘中走势具有独立、强势特征。从日K线图来看，上证指数处于震荡攀升的强势格局下，个股当日的小阳线又使得其呈突破盘整区形态。综合分析，这种盘中独立上扬是一波上攻行情将展开的信号。短线操作上，投资者可以积极地买股入场。

小 贴 士

盘口叠加指数走势是一种非常实用的短线交易方法。它可以让我们清晰地对比个股走势强弱。从实际表现来看，盘中运行强于指数的个股，短线上攻力度还需结合局部形态综合分析；盘中运行弱于指数的个股，则应加倍提防风险，特别是在市场较冷清的时候，这些个股随时有可能破位下行。

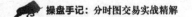

3.4 与趋势为伍

趋势（trend）不以人的意志为转移，是一种客观规律。将"趋势"这一概念引入股票市场，从侧面表明了股市中是存在客观运行规律的。在股市中，我们常听到这样的说法："永远顺着趋势交易""决不可逆趋势而动"等。我们常常因身处其中以及主观性等因素，忽略了趋势，从而造成了交易上的灾难。

3.4.1 市场的三种趋势

股市中的"趋势"，简单来说，就是价格运行的大方向。它分为上升趋势、下跌趋势、盘整趋势。

上升趋势

上升趋势也称为牛市。该趋势下，每一个后续价位上升到比前一个价位更高的水平，而每一次上升途中的回调所创下的低点都高于近期前一次上升过程中回调的低点。我们可以用"波峰""波谷"来做比喻，即上升趋势是在一个"一峰高于一峰、一谷高于一谷"的运行过程。

下跌趋势

下跌趋势也称为熊市。该趋势下，每一个后续价位都下跌到比前一个价位更低的水平，将价格逐渐压低，即在一个价格总体向下的运动中，其包含的波峰和波谷都低于前一个波峰和波谷。我们可以用"波峰""波谷"来做比喻，即下跌趋势是一个"一谷低于一谷，一峰低于一峰"的运行过程。

横向震荡趋势

横向震荡趋势也称为盘整趋势。它是价格横向波动的运动过程，也是一个波峰与波峰交错、波谷与波谷交错的运行过程。横向震荡趋势既可以出现在上升趋势或下跌趋势的行进途中，也可以出现上升趋势的末期或是下跌趋势的末期，是一个过渡阶段，也是原有趋势运行不明朗的体现。

> **小贴士**
>
> 市场的趋势与个股的趋势并不总是同步的，特别是当股市处于横向震荡趋势中时，个股的分化往往较为严重、一些个股因为题材、业绩、利好消息等驱动而步入升势，一些个股则因市场冷落而步入下跌趋势。

3.4.2 趋势的三段划分法

道氏理论将上升趋势与下跌趋势各划分为三个阶段。这种划分方法在某种程度上更为细致地揭示出了趋势运行的过程，理解这种划分方法有助于我们深刻地了解趋势的运行过程及运行规律。

上升趋势的三段划分法

第一个阶段是筑底阶段，其往往出现在市场深幅下跌之后。在这一阶段，市场交投气氛往往较为低迷，个股普遍处于低估状态（相对于历史平均状态而言），持续时间长短与金融政策、场外环境、经济变化等因素有关。

在这一阶段，有远见的投资者知道尽管现在市场萧条，但形势即将扭转，因而就在此时购入了那些勇气和运气都不佳的卖方所抛出的股票。多方力量开始汇聚，空方抛压则逐步减轻。随着多方力量的不断汇聚、市场环境的转暖、宏观经济的走势向好等因素，一轮牛市行情也呼之欲出。

第二个阶段是持续的上升阶段，受益于经济面的好转、政策面的关注，场外资金开始源源不断涌入，价格走势也开始了震荡上扬，且具有很强的持续性。基于市场赚钱效应的出现，更多的资金开始关注并入场，从而推升了价格持续走高。

一般来说，这一阶段上涨幅度巨大，是整个上升趋势的主升浪。也正是在这一阶段，技巧娴熟的交易者往往会获得最大收益。

第三阶段是见顶前的拔高阶段，出现在上升趋势末期，是股市见顶前的冲刺阶段，也是多方力量的最后一次集中释放。随着个股的高估、入场资金的枯竭、政策面的收紧等因素，价格上扬受到了更强的阻力，获利盘的离场速度加快，买盘力量越来越弱，最终促成了趋势的见顶与反转。在这一阶段，价格上扬速度往往较快，投资者情绪高涨，但风险也在累积放大。聪明的投资者应懂得见好就收，逐步减仓离场。

下跌趋势的三段划分法

第一阶段是高位区筑顶阶段，其出现在持续大幅上涨之后。此时的股市处于明显高估的状态下，多方力量不再占优，价格走势震荡加剧。在这一阶段，由于价格走势的滞涨与市场的高估，有远见的投资者会在涨势中抛出所持股票，空方力量开始汇聚、多方力量则逐步减弱。

第二阶段是持续下跌阶段。随着股市赚钱效应的减弱、赔钱效应的增强，场内资金见反弹就抛，场外资金则不愿入市，从而使得价格持续下行。在这阶段，也会伴有估值回归、经济疲软、业绩下跌、政策收紧等多重利空消息，投资者心态处于恐慌之中。这一阶段与上升趋势的第二阶段正好相对应，原来升势中的上涨阶段持续越久、涨幅越大，则此轮下跌阶段的跌幅也往往就越大，两者是成正比的。

第三阶段是探底阶段。探底阶段出现在下跌趋势末期，是股市见底前的最后一两波快速下跌走势。一般来说，这一两波的快速下跌多会引发量能的明显异动。这说明空方力量正在进行最后的汇聚，且买盘开始有加速入场的迹象。这一阶段的个股已处于相对低估状态，但股价仍能快速下跌，似乎深不见底。这与投资者极度的恐慌情绪息息相关。而一旦走势企稳、恐慌情绪减弱，则真正的底部也呼之欲出。

小贴士

趋势的三阶段划分法是为我们理解趋势运行而进行的一种抽象理解，而趋势的实际运行往往较为复杂。不过，"顶部"与"底部"这两个关键环节却是实实在在的。实盘操作中，我们除了结合三段划分法来把握顶与底，也要结合个股的估值状态、市场的整体运行来把握。

3.4.3 移动均线判趋势

趋势的运行取决于两方面，一是已入场资金的"趋势性"，二是将入场资金的"趋势性"。一般来说，两者对趋势的影响力各占50%。对于"将入场资金的趋势性"，我们一方要结合"已入场资金的趋势性"来分析，另一方面还要结合市场的变化、估值状态、政策消息等综合分析。

已入场资金的趋势性

所谓"已入场资金的趋势性"，其实就是市场平均持仓成本的变化趋势，而这正是移动平均线所反映的内容。移动平均线的主要作用就是分析趋势运行情况，它通过直接计算不同时间周期内的市场平均持仓成本变化情况，以便间接反映出趋势的运行情况。

移动平均线

移动平均线MA（Moving Average）以道氏理论中的移动平均成本概念为核心，采用统计学中"移动平均"的原理，通过计算出不同间周期内的市场平均持仓成本变化来反映价格走势的趋势运行情况。

平均线的计算方法

以5个交易日作为计算周期，以Cn来代表第n日的收盘价（可以用Cn近似地代表这一个交易日的平均持仓成本），以$MA5（n）$代表在第n日计算所得的5日移动平均值（这一数值的含义其实就是包括当日在内的最近5日的平均持仓成本大小），则有如下等式成立

$$MA5（n）=（Cn + Cn-1 + Cn-2 + Cn-3 + Cn-4）÷5$$

将每一日这些数值连成曲线，便得到了我们经常见到的5日移动平均线$MA5$。依据相同的方法，我们还可以计算出15日、30日、60日等不同时间周期的MA数值。

移动平均线常用的时间周期为5日、10日、30日、60日，其中，5日均线MA5可以较好地反映短期价格走势，而MA30则可以较好地反映中期价格走势。

均线多头形态与升势

多头形态是指周期较短的均线运行于周期较长的均价线上方，整个均线系统呈向上发散状。多头形态的出现是多方力量占优的标志，结合个股的整体运行形态，相对低位区出现多头形态时，一轮升势出现并持续下去的概率较大，是机会的象征。

形态特征

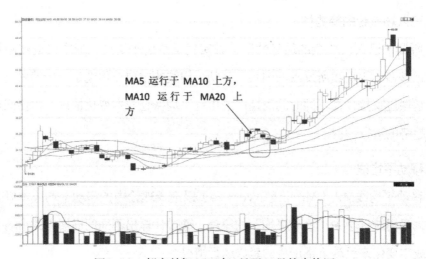

MA5 运行于 MA10 上方，MA10 运行于 MA20 上方

图3-18　邦宝益智2016年8月至12月的走势图

如图3-18所示，在邦宝益智2016年8月至12月的走势图中，均线系统由MA5、MA10、MA20、MA30和MA60组合而成。该股一直处于相对低位区的横向震荡之中，而随着震荡的持续，周期相对较短的均线开始运行于周期较长的上方。这就是均线的多头排列形态。它标志着多方开始占优，是一轮上涨行情展开的信号，也是升势出现的标志。操作中，我们应在第一时间入场并耐心持有。

均线空头形态与跌势

空头形态是指周期较短的均线运行于周期较长的均价线下方，整个均线系统呈向下发散状。空头形态是空方力量占优的标志。结合个股的整体运行形态，相对高位区出现空头形态时，一轮跌势出现并持续下去的概率较大，是风险的象征。

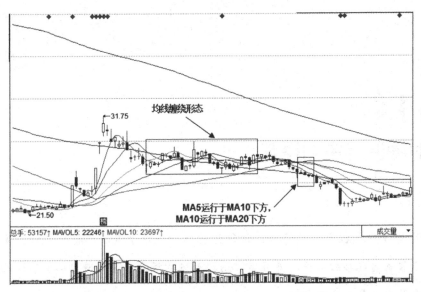

图3-19　伟明环保2016年8月至12月的走势图

如图3-19所示，在伟明环保2016年8月至12月的走势图中，该股在高位回落后，先是长时间的横向震荡滞涨，随后，股价重心开始下移、股价下行，均线开始呈空头排列形态。这是空方完全占据主动的标志，也是一轮跌势展开的信号。

均线缠绕形态与整理市

均线缠绕形态是指多根均线上下相互缠绕在一起。这种均线形态出现在横向震荡走势中，是原有趋势运行不明朗的标志。它有可能是原有趋势的中继整理，也可能是反转的信号。操作中，我们一要结合价格的累计涨跌幅来判断，二要结合震荡整时的股价重心移动方向来判断。

以伟明环保2016年8月至12月的走势图（如图3-19所示）为例，图中标注的均线缠绕形态出现在中短线的高点，且在震荡过程中使得股价重心出现下移。这是多空力量转变的过程，此时的均线缠绕形态就是反转信号。

小贴士

移动均线反映的是一种中期走向。因此，投资者不必过于关注短线的波动。这样才可能更好地把握趋势的大方向。

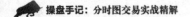

第4章

分时图追踪主力操盘

主力手中掌握大量的资金，往往能够先行一步于市场。除此之外，主力深谙大众投资者的炒股心理，并且常常通过老练的操盘手法制造盘面假象迷惑大众投资者从而达到自己的目的。

因而，主力对于个股的走势往往起着引导、决定的作用，而散户投资者只有发现主力操盘线索、分析主力控盘行为，才能够在正确的时间跟随主力买股入场，在正确的时间及时获利了结。分析主力行为有很多方法，例如成交量、筹码形态、K线图等，但是，相对来说，分时图的实效性更强、短线方向性更为准确。本章中，我们将在结合主力操盘行为、操盘手法的基础上，分析如何通过分时图特定的分时图形态来把握主力的市场动向。

4.1 主力操盘流程索引

主力通过一系列的运作，最终实施高位获利卖出。这就是主力操盘的最终目的。主力之所以操盘一只个股，这与主力的风格有关，例如，中长线主力偏爱绩优股，有业绩的支撑，自然更容易操作个股；短线主力则更青睐于题材股，借助于市场跟风追涨盘，短线主力可以用少量资金撬动个股，达到四两拨千斤之功效。

4.1.1　理解操盘流程

控盘流程，顾名思义，它是主力操盘一只个股的各个流程的相加，由多个环节环环相扣组合而成。它有一个前后的时间顺序，每一个操盘环节都是为下一环节服务的，而主力的最终目的是获利出局。

简单来说，主力买卖个股的目的是与散户目的相同的，低吸高抛、获利出局。但是，相对于散户来说，主力可以借助于自己的资金优势、信息优势更好地引导股价走向，从而让自己的买卖过程有更高的胜算率。这个买卖过程一般来说是有计划、有步骤的。这就是"操盘流程"。

为了完成这个低进高出的过程，主力需要好好谋划一番。可以从时间角度将主力的整个操盘过程划分为若干环节，正确地识别出个股正处于主力操盘过程中的哪一环节，将有助于我们更准确地展开实盘操作。

其中，有三个环节是必不可少的，这就是建仓环节（在相对低位区买入股票的环节）、拉升环节（建仓之后，对个股进行拉升的环节）、出货环节（高位区向市场派发筹码的环节）。下面我们来简单了解一下主力的各个操盘环节。

4.1.2　操盘环节之建仓

建仓环节也称为吸筹环节，是主力买入筹码的一个阶段。对于建仓环节来说，我们应关注"低位区"。这是主力建仓时的一个必要非充分条件，即"主力建仓时基本都是在低位区，但低位区运行的个股未必有主力建仓"。

一只个股的流通筹码数量是有限的，谁手中掌握的筹码数量越多，谁对个股走势就越具有发言权。我国股市不存在做空机制，也就是说，要想在股市中获利出局，必须要实现先低买、后高卖的操作方式。可以说，主力的操盘过程都是从建仓环节开始的。

不同类型的主力建仓方式也不尽相同，中长线主力为了保持其较低的持仓成本，会在低位区慢慢吸纳；而短线主力为了保持题材股的市场热度，往往是建

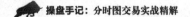

仓、拉升一气呵成。

对于建仓环节来说，建仓区域对应着主力的持仓成本，只有个股随后有着较大上涨空间，主力才会在这一区域实施建仓。但是，"低"是一个相对的概念，主力常常着眼于未来的价格走向，因而，我们不能说一只已经上涨一定幅度的个股就不会有主力建仓。

小贴士

吸筹的对象、吸筹的数量、吸筹的时间长短等因素则取决于具体主力的控盘策略。一般来说，大部分长线主力喜欢布局那些有业绩增长有潜力的绩优股，而短线主力则往往顺应市场热点会在短期内大量吸筹题材股。

4.1.3 操盘环节之震仓

震仓并不是一个必然出现的操盘环节，属于盘面整理阶段。它的出现具有一定的偶然性，但却有着鲜明的盘面特征——短期快速下跌并伴以量能的大幅萎缩。

"震仓"出现在主力吸筹之后、拉升之前，是主力为清洗之前低位区介入的市场获利浮筹、确保自己是持仓成本最低者，并为随后拉升打基础的一种市场行为。

小贴士

一般来说，震仓的时间很短，往往只有数个交易日。"缩量的连续阴线快速度下跌"是震仓时最典型的盘面形态之一。但由于主力常常会结合大盘回调来进行震仓，所以投资者还需结合个股的前期走势是否具有独立性，以此来判断这一波顺势下跌是否源于主力的震仓。

4.1.4 操盘环节之拉升

主力的拉升阶段是一个将股价拉高的过程，由于我国股市不存在做空机制，所以主力只有拉高了股价才可以实现高抛低吸、在二级市场中获取差价利润的目的。在主力拉升个股时，原则上是能拉到多高就拉到多高，然后在一个较高的价位套现出局。

一般来说，主力拉抬股价都要借助外围因素，比如有关上市公司或相关行业的一些朦胧利好消息、大盘启稳上升等，以此减轻拉抬过程中的抛压，并逐步吸引跟风盘进场。

小贴士

拉升环节是主力操盘过程最为重要的环节之一。很多个股都是以涨停板突破的形式反映出主力拉升行为的，特别是短线主力炒作热点题材股时，甚至会以连续涨停板的方式进行拉升。在实盘操作中，我们应结合个股特性来决定是否在第一时间追涨入场。

4.1.5 操盘环节之清理浮筹

清理浮筹出现在拉升途中，是主力提升操盘能力、为后期继续拉升创造条件的一项操作，属于盘面整理阶段。该操作之后，前期介入的市场获利浮筹大部分卖出离场，同时又有大量的投资者买股入场。这就提高了市场的平均持仓成本，既奠定了主力的操盘地位，也为主力随后继续拉升个股扫清了障碍。

"时间"与"空间"是主力清理浮筹时的两个关键要素。

清理浮筹的时间讲究的是节奏，如果时间太短，难以较好地处理浮码，不能达到预期的效果；如果时间太长，则难以吸引新的投资者追高跟风。

清理浮筹的空间是指主力清理浮筹过程中股价震荡的幅度。一般来说，凶狠的短线主力在清理浮筹时，个股上下波动幅度极大，这对获利盘会形成巨大的心理震慑力，促使其在慌乱中择机而逃。而稳定的中长线主力在清理浮筹时，往往会以短线震仓的方式出现，股价这时表现为反复上涨和下跌，但通常情况下震仓时是不会跌破前期低点的，只是一旦出现跌破前低点时应时刻关注，看是否短线暂时卖出股票离场，因为有可能主力是在加大震荡幅度来清理浮筹。

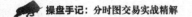

4.1.6　操盘环节之再度拉升

拔高出现在个股此前已上涨幅度较大的背景下, 若此时的大盘走势较好、市场上涨氛围较浓, 而主力的控盘能力依旧较强, 往往会再度拔高股价, 为随后的出货创造一个更理想的价位, 从而在二级市场中赚取更多的差价利润。

4.1.7　操盘环节之出货

出货阶段是主力在高位区将手中筹码派发给市场进行套现的活动。任何一个主力, 只有将手中的筹码派发出去, 才能使账面的盈利变为实实在在的获利。可以说, 出货也是关系到主力控盘成败的关键的一个环节, 相对来说, 也是最难的一个环节, 一般都要结合强势的大盘或利好消息才能顺利完成。

一般来说, 短线主力出货最低需要半个月到3个月;而长线主力有时会长达一年以上。但是, 一个不容质疑的事实就是:一旦主力开始大量出货, 二级市场中的筹码供需关系就出现了变化, 此时个股在震荡中能够创出新高, 但其原有的整体上升形态也肯定会被彻底打破。

小贴士

在股市氛围较好的情况下，主力的出货是一个相对漫长的过程，主力会尽可能地力保个股停留于高位区，但主力的出货也势必打破了原有的多空格局，造成股价上下剧烈波动。此时，结合大盘震荡进行短线波段操作不失为一种明智之举。但随着个股停留于高位区的时间变长，其破位下行的风险也随之加剧，因而，在进行波段操作时，我们应控制好仓位，不宜全仓买卖。

4.1.8 操盘角度对照个股走势

如图4-1所示，在电科院2016年1月至12月的走势图中，该股先是在低位区长时间的横向震荡整理，这是主力吸筹的低位区间；随着主力买入筹码数量的增加、股价的回暖上升，该股开始突破低位区，但上涨速度较为缓慢；随后，借助于大盘震荡，主力实施了一次较为快速的震仓、清理浮筹，为随后快速拉升做准备；此时的主力已经控盘能力较强，快速拉升波段的持续时间较长，个股上涨幅度大、速度快；在累计涨幅较大时，主力实施了较为快速的下跌出货，获利出局。

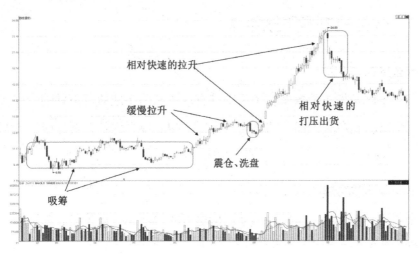

图4-1　电科院2016年1月至12月的走势图

> **小贴士**
>
> 吸筹、拉升、清理浮筹、出货并非泾渭分明的单独环节，很多时候，主力会边拉升边吸筹，或者借助于大盘震荡展开高抛低吸的操作，以此来降低持仓成本。实盘中，我们一要观察个股的走势特点，二要结合大盘运行，这样才能更好地把握主力操盘节奏。

4.2 主力惯用的操盘手法

操盘手法是主力在具体实施某一控盘环节时，于盘中采用的买卖手法，例如，在低位区，本就成交低迷，而主力又想快速建仓，但不想让成本过高，此时有可能实施涨停吸筹手法，即利用涨停板形态的股价剧烈波动来激发多空分歧，主力借机快速买进。在本章中，我们将结合分时图形态来讲解主力惯用的几种操用手法，如刻意下跌、拉升出货和涨停。

4.2.1 什么是刻意下跌手法

什么是刻意下跌?

刻意下跌是指主力集中抛售手中持有筹码从而造成股价下跌的一种市场行为，它可以出现在主力操盘的任何一个环节中。主力为什么要让股价刻意下跌呢? 不同的操盘环节，其目的也不尽相同。

各操盘环节的刻意下跌目的

在吸筹环节，刻意下跌可以让股价尽可能地停留于低位区，为买到更多的低位筹码提供条件。

在清理环节，刻意下跌可以让投资者判断错误，从而抛筹离场，从而达到清洗获利浮筹的目的，为后期拉升创造条件。

在出货环节，大幅度地刻意下跌个股，可以引发投资者的抄底热情，主力虽然没有卖出更高价，但节省了出货时间。在大市不好的情况下，这未尝不是一种好办法。

如何判断刻意下跌的性质

对于刻意下跌手法来说，由于股价短线跌幅大，对投资者、特别是持股者的心理影响是巨大的，因而更应冷静看待。投资者既要结合K线图、成交量，也要结合分时图形态，以辨识刻意下跌的性质。

吸筹阶段的刻意下跌，一般出现在中长期的低位区。个股之前已出现了企稳走势。此时，在大盘不稳定的情况下，中长线主力往往会借助于大盘回落而实施刻意下跌。快速下跌使得散户产生跌势不见底或是弱市无尽头的错觉，为主力创造了更好的吸筹价位。

整理阶段的刻意下跌，出现在个股累计涨幅不大、趋势整体向上推进的背景下。连续数日的阴线虽然使得股价短线跌幅较大，但下跌时的量能萎缩，且在低点停留时间短，能够较为快速地收复短线下跌失地。

出货阶段的刻意下跌，一般出现在累计涨幅较大的背景下。大阴线当日的量能明显放大，是场外资金集中、快速出逃的标志。这往往正是主力资金在出货。

小贴士

对于盘中的快速下跌所形成的大阴线，主力究竟是在以刻意下跌的方式吸筹，还是清理浮筹或出货呢？一般来说，盘中先拉升后刻意下跌，常是诱多出货手法，而弱势盘口的盘中跳水则更应对应整体运行特点来综合把握。

4.2.2　先拉升后下跌

形态特征

（1）早盘阶段，出现一两波流畅的上扬。这对应于图4-2的A段走势。

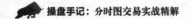

（2）盘中高点快速下落，跌破均价线后无力反攻，持续弱势运行至收盘。这对应于图4-2中的B段走势。

形态解读

如图4-2所示，在深纺织2017年1月5日的分时图中，当日此股出现了这种"先拉升后下跌"的盘口分时形态。早盘出现两波上扬，这是A段走势；随后则全天弱势下跌，这是B段走势。一般来说，这是主力刻意下跌式出货的一种表现方式。

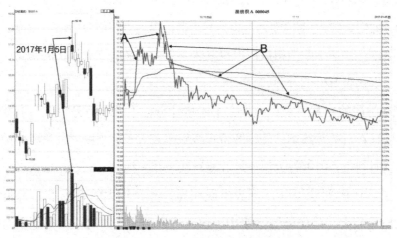

图4-2　深纺织2017年1月5日的分时图

买卖点判定

先拉升后下跌是股价走势强弱快速转换的一种形态。早盘的强势拉升若无法企稳于盘中高点，则说明抛压重，投资者应减仓或清仓。

跌破均价线而又无力反抽时，则宣告着强弱转换的完成，识别出这种强弱转换形态后，当股价回抽至均价线附近时，应果断卖出，不可犹豫。

实战指南

（1）借助K线图来把握。在图4-2中，个股短线涨幅较大，获利盘较大。这时一旦出现放量阴线，则表明空方力量快速转强，预示着回落的出现。

（2）盘中高点快速跳水、均价线无支撑，此时应果断卖出。在图4-2中，个股在A段走势末端出现了直线落水。这也是B段走势的起步，标志着"先拉升后下跌"盘口形态的形成。结合图中左侧日K线图来分析，这种盘口形态代表主力的下跌出货行为，中短线操作上，应卖出离场。

> **小 贴 士**
>
> 先拉升后下跌，具有诱多性。这时，由于股价在盘中的快速跌落，持股者有逢高卖出的思维习惯，会希望股价能够再度折返，而主力正是利用这种心理，以此减轻市场浮筹抛压，自己则不断抛售。

4.2.3　午盘后急势下跌

形态特征

（1）早盘至午盘前后，个股运行平稳，多处于上涨状态。

（2）收盘前一小时左右，股价急速下跌，持续时间长、幅度大、量能放出。

（3）收盘时的股价接近全天最低点，收盘时多处于下跌状态。

形态解读

如图4-3所示，在三维丝2017年3月15日的分时图中，该股早盘处于上涨状态，在图中标示的时间段内，短线一波上冲突破了均价线，但此时却迎来了连续下跌。从盘口来看，下跌波段的时间长、幅度大、放量明显，这就是"午盘后急势下跌"形态。这种盘口形态经常出现在中短线的高点，是主力下跌出货的信号，也预示着快速、深幅的下跌行情将出现。

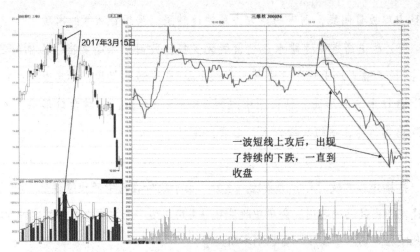

图4-3　三维丝2017年3月15日的分时图

买卖点判定

午盘之后，若个股出现了放量下滑且反抽无力，这就是急势下跌，也是主力出逃的信号。若此时的个股还处于上涨状态，则当日的下跌出货空间往往是极大的，持股者应在识别这种盘口形态后，第一时间卖出离场。

实战指南

（1）结合图4-3来看，午盘后的急势下跌出现在一波拉升之后，说明该股在盘中运行平稳，且开始走强之际突遇多空风格转换。

（2）从图中左侧日K线图分析，该股的累计涨幅已经较大，当日量能明显放大。

（3）在这种"主力获利空间较大""盘口出现急势下跌形态"，且"当日量能明显放大"三个因素共同叠加的情形下，我们可以借助于当日的分时图准确地推断出主力的下跌出货行为。

（4）在实盘操作中，当日盘中识别出这种形态后，应果断卖出；至收盘时，盘口形态已明朗，即使卖在了当日低点，但从中长线角度来看，随后下跌空间仍是极大的，收盘前卖出也是一个可行方案。

小贴士

午盘之后的急势下跌往往与大盘跳水有关。这也是主力在看到大盘走势不稳、将展开回落时而顺势采取的出货策略。此时，投资者不可将其误解为个股随大盘的正常波动，因为即使随后大盘止跌企稳或反弹回升，因主力已展开出货，个股的走势也将远弱于同期大盘。

4.2.4 开盘直接下跌

形态特征

（1）当日平开或小幅度低开，若大幅低开则常伴有利空消息。

（2）开盘不久，股价快速跳水，跳水时分时量放量明显。

（3）跳水后的低点，股价反弹无力，很难突破均价线。

形态解读

如图4-4所示，在日出东方2017年4月24日的分时图的A段走势中，可以看到该股的放量跳水，这是主力主动下跌出货的标志之一；随后的B段走势中，股价反弹无力、受均价线压制，表明空方力量已完全占据主导地位，多方无力反击。这是开盘直接下跌出货的典型盘口形态，也是个股短线走势将下行的信号。

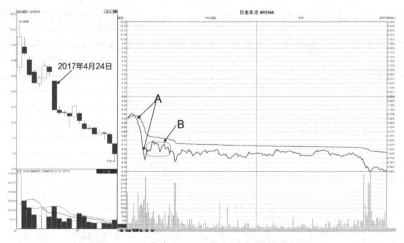

图4-4　日出东方2017年4月24日的分时图

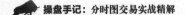

买卖点判定

明显的跳空低开若出现在价格重心下移的背景下，则是主力出货加速的信号。从中长线角度来看，若个股前期有一定的累计涨幅，则应在开盘时果断卖出，规避趋势下行的风险。这是第一卖点。

随后的放量跳水、股价回抽无力，则明确了主力下跌出货的市场行为。此时，若非大盘出现大力度反弹，否则的话，个股盘中企稳回升的概率很低，此时应卖出股票。

实战指南

（1）结合图4-4，图中左侧为此股日K线走势，该股正处于震荡下跌状态下，趋势已然呈向下状态，此时出现的跳空低开就是一轮创新低走势即将出现的明确标志。

（2）开盘后的A段放量跳水走势是主力下跌出逃的信号；B段的缩量企稳、无力反转突破均价线则表明买盘入场意愿极低，股价下行是主旋律。

（3）在实战之中，要结合日K线图来分析早盘放量跳水的趋势性来分析，若个股日K图呈空方占据优势，则此时的放量跳水往往就是一轮加速下跌的信号。此时，投资者不可迟疑，应果断卖出。

> **小贴士**
>
> 开盘放量跳水且反抽无力的盘口形态，是个股走势短线崩塌的重要信号。因为主力在开盘即选择了下跌出货、而没有关注当日的大盘情形，反映了主力出货行为的坚决。

4.2.5 诱空型下跌

形态特征

（1）常出现在盘中交易时间段。

（2）日K线图上的阶段走势较差，短线有一定的跌幅，但从中线来看，股价走势有企稳，甚至缓缓上行的趋向。

（3）盘中走势相对较弱，在大盘跳水的带动下，股价快速跳水。分时图上可见量能放大，但日K线图仍呈缩量。

（4）在盘中低点停留时间较短，出现回升，且幅度较大，盘中走势转强并持续到收盘。

形态解读

如图4-5所示，在北新路桥2017年1月16日的分时图中，该股在午盘之后出现两波跳水，跳水时虽有量能放出，但日K线图显示当日呈缩量态势，跳水后的走势明显转强，表明多方力量开始转强。结合日K线运行特点，我们判定这是诱空型下跌。

诱空型下跌多出现在短线大幅度调整后的低点，主力借助于大市回落、市场人心不稳，而顺势抛出少量筹码，让投机盘产生恐慌，近而达到清理浮筹的目的，为随后拉升创造条件，也可借此试探空方抛压。

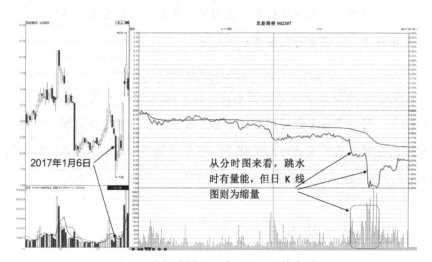

图4-5　北新路桥2017年1月16日的分时图

买卖点判定

诱空型下跌当日的盘中跳水走势，往往使得价格走势呈加速破位下行

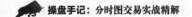
状，仅从分时图与日线图难是以判定的，因而，我们要借助另外两个因素来做出买卖决定。

盘中下跌之后，股价若能够转强回升，则是空转弱、多转强的信号；若个股短线已调整幅度较大（接近20%），则可试探买入；若次日企稳，则可加仓入场。

应注意当日的成交量，诱空型下跌并非主力大力出货所致，仅仅是主力顺应大市的清理浮筹，因此，当日量能应呈缩量状。

实战指南

（1）借助于图4-5来分析，若观察图中左侧日K线图的趋势，可以发现趋势是呈缓缓向上状态的，因此，短线的缩量下跌更宜看作是清理浮筹，而非出货。

（2）阶段下跌时，在图4-5中左侧可以看到，对比前一波上涨波段，此轮下跌的缩量特征非常明显，这正是主力锁仓的标志。

（3）盘中跳水之后，股价明显有回升倾向，是空方转弱的信号。结合个股正处于震荡回调的低点且总体趋势向上的特征来看，短线见底、走势折转的概率较大。在操作中，投资者可以陆续建仓入场。

> **小贴士**
>
> 诱空型下跌仅从盘口分时图来看，很难与主力的下跌出货行为区别开来，但是，借助于日K线图的整体走势、量能特征，便可一目了然。这也是我们利用分时图展开实战时的关键点，即分时图与K线图上的量价形态相互验证。

4.2.6　盘口突击放量

形态特征

（1）突击放量手法既体现在分时图上，也体现在日K线图上。

（2）在分时图上，股价上下波动呈突兀状，即股价经常性地出现瞬间打高、瞬间打低的情形。

（3）成交量异动明显，盘中拉高股价、打低股价时都有量能的放出，且当日成交量也远远大于此前均量水平。

形态解读

如图4-6所示，在得利斯2017年4月19日的分时图中，该股当日的波动较为突兀，股价上下波动、缺少连续性及平滑性。图中标注了A、B、C、D四段走势，而在这四段走势中，我们可以看到股价出现了瞬间拉高、回落的快速波动，且波动时的成交量明显放大。从日K线图来看，当日的成交量也远大于此前均量。这就是突击放量时的常见盘口形态。它既体现在盘口上，也体现日线图上。

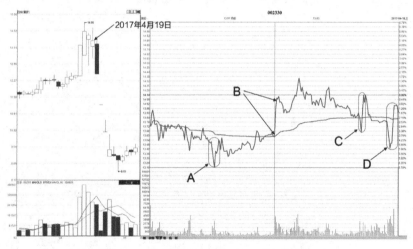

图4-6　得利斯2017年4月19日的分时图

买卖点判定

盘口突击放量常见于主力出货阶段，一般来说，从日K线图上来看，此时的股价多处于中短线上涨后的高点。一旦在盘口上出现此种形态，且当日成交量远大于前期均量，则应果断卖出，以规避突击放量后出现的暴跌风险。

实战指南

突击放量从日K线图及分时图上较容易识别出来，但一些个股因中短线上涨形态良好，而突击放量又常常让投资者误以为有新主力入场，从而做出错误判断。下面我们再结合一个案例来具体看看这种盘口突击放量形态。

如图4-7所示，在通程控股2016年7月29日的分时图中，图中标注了A、B、C、D、E五个盘中波段，从股价的瞬间打高、下砸造成的突兀形态以及当日的放量，可以判定出主力的突击放量行为。对于此股来说，K线图上忽大忽小的量能正是突击放量行为的直接体现。

虽然上一交易日该股收于涨停板使得其走势呈突破上攻状，但中短线涨幅已经较大，且当日的突击放量是一个明显的卖出信号。在操作中，投资者应及时卖股离场。

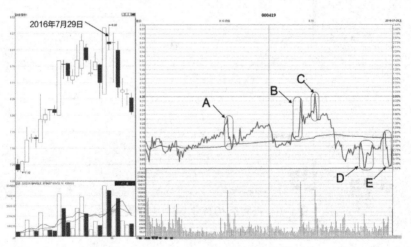

图4-7　通程控股2016年7月29日的分时图

小贴士

盘口突击放量打破了多空双方自然的交易过程，从分时图形态来看，突兀、不自然的直观感明显。若有当日量能放大配合，则一般可以准确判断出主力的突击放量行为，从而决定买卖。

4.2.7 涨停启动拉升

主力在拉升个股时，利用涨停板来汇聚追涨氛围，并实现快速拉升，是最常用的操盘方式。涨停板不仅仅是上涨10%这么简单：当个股牢牢封住涨停板后，场内外投资者在看到涨停板上所积聚的大量封单后，对个股的短线上涨势头都会有一个较高的预期。正是基于市场的这种强烈看涨心理，主力再利用自身的强操盘实力，就可以较为轻松地拉升个股了。

因而，在主力拉升个股期间，无论是启动时，还是快速推进时，涨停板都是一种重要的方式。下面我们结合一个案例来分析个股是如何以涨停开启一轮攻势的。

实战指南

如图4-8所示，在嘉凯城216年8月4日的分时图中，早盘阶段，A段走势是一波凌厉的上攻，这可以看作是主力资金积极拉升的表现；随后的B段走势中，该股于盘中高点企稳、未出现深幅回落，盘中获利抛压不重；C段再度出现流畅的上扬，并牢牢封住了涨停板，直至收盘。

早盘流畅上攻，盘中高点抛压较轻，且能够牢牢封住涨停板至收盘，这是一种很强势的涨停分时图。若有个股良好的日K线图予以配合，则往往是主力展开强势拉升的信号。对于此股来说，情况正是如此。从图中左侧的日K线图可见，个股当日的涨停板正使得其开始突破整理区，结合前期的震荡缓升走势来看，似有主力吸筹入场。因此，这个涨停板是机会的象征，一旦突破空间打开，一轮行情的上升幅度极大。在操作中，投资者应在第一时间追涨入场，分享主力拉升的果实。

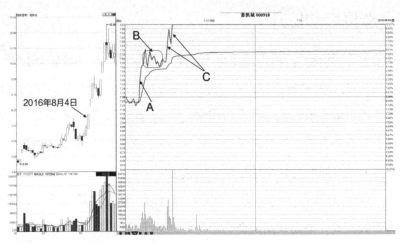

图4-8　嘉凯城2016年8月4日的分时图

4.2.8　涨停式出货

涨停式出货中的涨停板并不是一轮攻势展开的信号，而是主力借助于涨停板吸引的追涨盘，以实现逢高出货。

一般来说，涨停式出货出现在个股累计涨幅较大、同期市场相对稳健的背景下。这时，主力利用涨停形成的突破形态，提升投资者对个股涨势的预期，进而实现高位出货的目的。

既然是出货，势必有成交量大幅度放出。主力或者是在涨停当日即开始大力出货；或者是在涨停次日的盘中冲高时大力出货。从日K线图上可以看到，该形态下，涨停板之后的几日往往放出天量，成交量远远高于此前均量水平，而股价走势却在涨停板之后明显滞涨，量能的放大与股价涨势不成正比。这正是主力出货所引发的。下面我们结合一个案例加以说明。

实战指南

如图4-9所示，在重庆水务2016年10月13日的分时图中，该股在早盘阶段经两波流畅上扬后，强势封板。但是，封板之后的大抛单不断涌现，午盘之后更是出现了长时间的放量开板，虽然开板幅度很小，但从当日的量能放大效果来看，资金出逃力度很大。随后两日也放出了天量、且价格走势滞涨。

结合该股中长期累计涨幅相对较大而同期大盘走势则滞涨不前的情形来看，主力的获利空间已经较大，在大盘无明确升势的背景下，主力实施出货、锁定利润应在情理之中。在实盘操作中，持股者应卖出，场外投资者不可追涨入场。

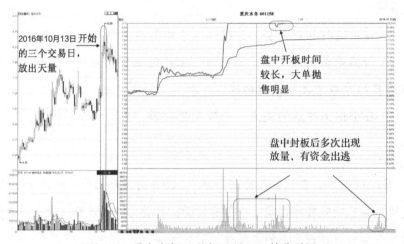

图4-9　重庆水务2016年10月13日的分时图

小贴士

涨停启动、涨停式出货，有的时候仅从分时图上难以辨别，但日K线图上的量价关系则清楚明晰。低位区的涨停突破，特别是强势涨停分时图的突破，大多预示着主力的拉升行为；相对高位区的涨停突破，且伴以天量，往往就是主力诱多出货的手法。

4.3 吸筹下的常见盘口特征

吸筹多出现在中长期低位区，由于主力资金的大力度买入，在盘口上会有一些较为典型的形态特征出现。正确地识别这些形态，可以帮助我们把握主力的

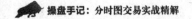

吸筹行为。更重要的是，它可以让我们将随波逐流的大众股与主力入驻的潜力股区分开来，实现良好布局。

4.3.1 盘口上冲吸筹式量堆

形态特征

（1）盘中运行相对强势，分时线位于均价线上方。

（2）价格走势出现小幅度的上冲，上冲时出现明显的"量堆"。这种形态在当日的盘口中至少出现两次。

（3）在小幅上冲后的高点，个股走势较强，未出现深幅调整。

形态解读

如图4-10所示，在银龙股份2017年2月10日的分时图中，标注了A、B、C等三段走势。这三段走势均出现了明显的放量，且股价能够在每一次上冲后强势运行。这正是主力吸筹行为下的典型盘口形态之一。

小幅度的上冲伴以放量，是主力意在吸筹，而非拉升的标志；股价能够稳稳地站于盘中高点，是多方力较强、主力吸筹行为前后贯的信号。

因而，当这类分时图出现在中长期低区，而个股近期走势又具有一定独立性的背景下时，则多预示着主力的吸筹行为。操作中，我们应紧跟主力步伐，积极买入布局。

买卖点判定

"盘口上冲吸筹式量堆"形态出现后，个股往往处于整理区的突破点，既然主力此时的目标志在吸筹，一般来说不会出现快速上涨。这时，我们不必急于买入，可多观察一段时间，看看股价能否站于突破点上。

若股价随后以整理的方式站于突破点，而不出现深幅回调，说明主力无意给市场再度低位买入的机会。此时，投资者可逢盘中震荡低点买入。

若股价随后出现深幅调整，则说明主力资金并不雄厚，个股随后能否启动，更多取决于大市，中短线操作中，更应关注大盘走向。

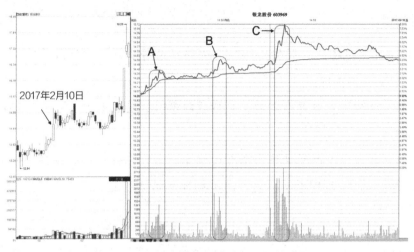

图4-10　银龙股份2017年2月10日的分时图

实战指南

（1）结合图4-10来分析，A、B、C三波上冲走势，股价不断创出盘中新高，盘中推升时的量能也是不断放大。这正是大资金积极入场的信号，结合该股正处于中长期的低位，可以推测出主力的吸筹行为。

（2）在C段走势后，股价回落幅度较大，至收盘时跌破了均价线支撑。这也说明此时的主力控盘能力依旧不是很强，该股很难迎来加速上涨。在操作中，短线追涨的策略并不可取。

（3）随后的数个交易日，从图中左侧可见，股价强势整理，保住了突破成果，且期间量能温和放大。这是资金持续流入的信号，也是主力吸筹行为前后连贯的信号。此时，可以逐步加仓买入，静待主力吸筹后的强势拉升出现。

> **小贴士**
>
> 　　这种盘口形态多出现在主力中长线投资的个股身上。一般来说，这类盘有业绩支撑。在操作中，投资者在关注盘口形态的过程中应结合基本面分析，则使得我们的布局潜力更大、风险更小。

4.3.2　缓慢长时的放量攀爬

形态特征

（1）日K线图上，股价小阳线、小阴线交替出现，使得股价重心缓慢攀升，上涨速度缓慢。

（2）分时图，自开盘之后，股价缓缓攀升，直至收盘，收盘价接近当日最高价。

（3）在盘中长时间的缓慢攀升过程中，成交活跃，分时图处于明显放大的状态；从日K线图来看，当日的成交量也明显放大。

形态解读

如图4-11所示，在上海机场2017年3月13日的分时图中，该股自开盘后，股价缓缓上扬，期间放量、直至收盘，沿股价的运行轨迹，可以画一条角度平缓、倾斜向上的直线。当日的量能放大充分，正是主力盘中持续吸筹行为引发的。

这种盘口形态多出现在"白马股"身上。一般来说，这类个股因大盘系统性下跌而被"错杀"，处于低估状态，有远见的中长线主力在低估时实施吸筹，又由于这类主力的资金实力较强，所以在某个交易日意图加大吸筹力度，但又不想过快推升股价时，就会出现这种盘口形态。

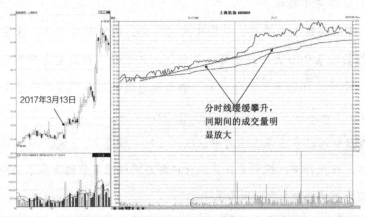

图4-11　上海机场2017年3月13日的分时图

买卖点判定

这种吸筹方式既是主力吸筹、加强控盘能力，也是逐步推升股价的方式。因而，这种分时图出现后，我们很难看到股价出现深幅调整，往往会在当日收盘价附近作强势整理状，而此强势整理区间就是我们入场布局的时机。

实战指南

（1）在图4-11中，可以看到股价的攀升虽然缓慢，但却十分稳健，有着明显的独立性，这显然是主力资金持续买入行为导致的。当日，分时量上成交活跃，资金入场积极。

（2）同期的市场较为推崇价值投资理念，白马股表现优异，而此股的前期涨幅相对较小，有不错的上涨空间。正是基于此，中长线主力入场吸筹、推升股价。

（3）随后的一段时间，该股强势整理不回落，彰显了主力强大的控盘能力。此时，也是投资者入场布局的时机。

> **小贴士**
>
> "缓慢长时的放量攀爬"盘口形态，也是主力一个台阶一个台阶拉升个股的一种手法。因而，从日K线图上可以看到此股的稳健上扬特性。这也是我们检验此盘口形态是否为主力吸筹或拉升的重要依据之一。

4.3.3 低开高走攀升（冲高）

形态特征

（1）个股中短期跌幅较大，处于低位区的横向震荡走势中。

（2）某日出现明显的低开，低开幅度较大（2%以上）。

（3）开盘后，价格上扬，震荡攀升或流畅上扬，盘中运行呈强势状态。

（4）盘中上涨过程的持续时间长，且同期的量能明显放大。

形态解读

如图4-12所示，在中国重汽2016年6月13日的分时图中，A点的低开出现在横向整理走势中，开盘后，横向整理，此时的股价运行较为平稳。从B段开始，股价节节攀升，而C段的流畅上扬是B段走势的进一步发力。整个B段及C段的走势持续时间较长，且期间成交量明显放大，这正是主力吸筹的典型表现。午盘后，随着主力吸筹力度的减弱，股价有所回落。

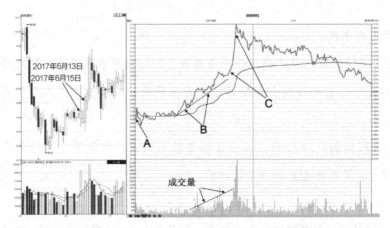

图4-12　中国重汽2016年6月13日的分时图

如图4-13所示，在中国重汽2016年6月15日的分时图中，该股低开后迅速冲高，随后于盘中节节攀升，早盘的整个上升过程中，成交量放大。这也是低开高走吸筹的一种表现形式。

买卖点判定

低开高走将使得个股的日内波动幅度较大，从而造成多空分歧加剧，而个股又正处于较为弱势的低位震荡整理区间，多方力量尚未积聚，因而不宜追涨。若当日盘中走高后又出现了较大幅度回落，则可于收盘价买入；若当日盘中走高后回落幅度较小，则宜于下一交易日盘中下探时入场。

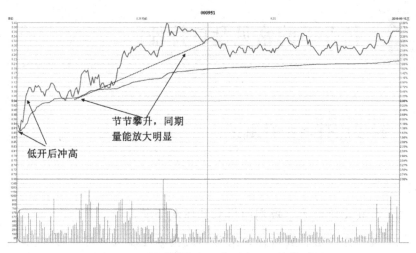

图4-13　中国重汽2016年6月15日的分时图

实战指南

（1）结合图4-12来分析，在C段上冲最高点时，股价盘中涨幅较大，超过了4%，随后回落幅度大，收盘时涨幅只有0.5%。该股的短线未出现明显上涨，因此，可于收盘时进行中短线买股操作。

（2）由于这种低开高走吸筹形态刚刚出现，而主力的吸筹又有一个明显的过程，所以在买入时可采取分批入场的策略。

（3）因为此股在2016年6月15日（如图4-13所示）再度出现低开高走的吸筹盘口形态，所以我们判断主力吸筹行为的准确性进一步提升，由于当日盘中冲高后股价未见回落，可于次日盘中低点加仓入场。

小贴士

低开高走的吸筹盘口形态若在低位震荡区反复出现，则表明主力的吸筹力度较大。这类个股随后一旦突破低位震荡整理区，则突破上行空间往往较大。在布局后，只要个股未出现破位，未达到设定的止损位，则投资者应耐心持有，且不应过早获利离场。

4.4 拉升下的常见盘口特征

4.4.1 起步点开盘拉升测试

形态特征

（1）个股此前处于中短期的横向整理走势中。

（2）当日开盘后，股价快速上行，大买单连续入场推升股价。

（3）短时间的推升之后，于盘中高点长时间横向运行。

形态解读

如图4-14所示，在陇神戎发2017年4月26日的分时图中，A段走势是开盘后的强势拉升，B段走势是全天的长时间横向震荡。

实盘较强的主力在拉升个股时，一般会选择在早盘阶段，特别是开盘之后，但在拉升的起步阶段，主力并不确定市场抛压，通过早盘拉升至盘中高点，随后，减小买入力度，以此来判定市场抛压。

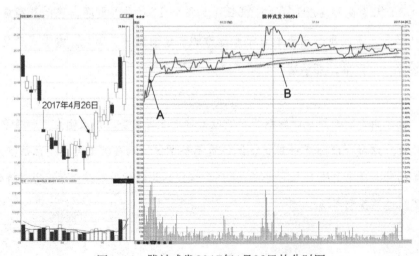

图4-14　陇神戎发2017年4月26日的分时图

买卖点判定

开盘之后的一波强势拉升，势必会引发获利抛压的加重。一般会出现两种情况，我们应根据实际情形来把握买入时机。

如果开盘后的强势拉升，可以使得股价稳稳站于均价线上方，持续强势运行至收盘，则说明市场抛压较轻、主力控盘能力强且拉升意愿强烈。这样的个股短线上攻势头将会较强。在操作中，投资者可以适当地追涨入场。

如果开盘后的拉升引发了较重的抛压，股价逐波下滑至均价线下方，则说明市场的逢高抛压较重，主力一般不会逆势而为。在操作中，我们可以再多观察几日，尽量选择回调低点买入，以免追涨时套在短线高点。

实战指南

（1）观察图4-14，早盘拉升的A段走势较为强劲，随后的B段走势中，股价一直稳稳站于均价线上方，盘中运行强势，收盘时的股价接近全天高点。这是一个短线强势的分时图，也是多方占优优势、主力有意拉升的信号。

（2）从图中左侧的日K线图来看，个股正处于低位区整理之后的突破点，无论是反弹，还是反转，中短线都有一定的上涨空间而且当日的这种分时图又是主力拉升的信号之一。

（3）从综合来看，日K线图有上涨空间；分时图是主力拉升、个股启动的信号，而且市场获利抛压轻。在操作中，投资者是可以追涨入场的。

小贴士

对于这种盘口形态，投资者一定要结合日K线图：既然称之为"起步点"，那对应的个股之前的中短线涨幅一定要很小，而且，当日的开盘拉升使得个股在日K线图上呈"突破"状。

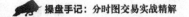

4.4.2 早盘飙升启动

形态特征

（1）早盘阶段，出现了一波极为流畅的飙升走势，幅度较大。

（2）早盘飙升时，分时量放大明显，大买单入场有着很好的连贯性。

（3）随后的盘中运行相对强势，股价在盘中不会大幅跌破均价线。

形态解读

如图4-15所示，在中国化学2016年10月14日的分时图中，该股开盘后运行平稳，但在10:30左右，在连续不断大买单的推动下，出现了一波幅度大、流畅性好的飙升走势。结合该股此前的震荡企稳及短线上扬来看，我们可以将当日的早盘飙升走势当作主力有意拉升个股的信号：预示着个股有望突破震荡区、展开上攻行情。

买卖点判定

早盘飙升走势势必引发短期内的多空分歧加剧，从而使得盘中高点的抛压明显增强。我们可以借助于当日飙升后的盘口运行情况来把握中短线入场时机。

如果在早盘飙升之后，个股能够稳稳地站于均价线上方，且不向下回落依附均价线，则表明主力控盘能力较强、市场短线抛压较轻，主力对个股的拉升有望延续下去。在操作中，投资者可以适当追涨入场。

反之，如果在早盘飙升之后，个股逐波回落，并向下跌破均价线，则这表明短线抛压较大，个股在随后几个交易日出现回调的概率较大。在操作中，投资者更宜于次日，或随后两日逢盘中低点时买股入场。

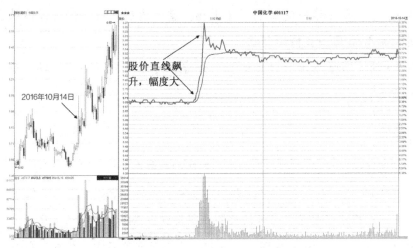

图4-15　中国化学2016年10月14日的分时图

实战指南

　　结合图4-15来看，中国化学早盘飙升幅度大，且上扬形态十分流畅，说明主力的拉升力度较大。但在盘中高点却失去了支撑，股价下滑至均价线下方一直到收盘。这表明当日的盘中逢高抛压较重，该股有短线回调整理的需要。

　　在操作中，当日并不是追涨入场的理想时机，但由于该股的短线涨幅不大，当日的流畅飙升又使得该股呈突破启动形态。因而，若大盘稳健，个股的短线回落的幅度不会很大，次日或第三日是较为理想的入场时机。

> 小贴士
>
> 　　早盘飙升启动常见于控盘能力较强的主力身上，因为主力若果真有意拉升个股，一般不会选择尾盘偷袭。可以说，在日K线图配合、早盘飙升形态流畅的背景下，这种盘口形态预示着主力拉升行为较为可靠。

4.4.3　突破点盘中节节攀升

形态特征

　　（1）从日K线图来看，当日的大阳线使得个股呈突破低位盘整区状。

（2）个股于早盘阶段开始震荡上扬，攀升速度较慢，但持续性强，节节攀升的走势格局一直持续到收盘。

（3）将个股震荡攀升波段的低点相连，可以得到一条近似45°角向上倾斜的直线。

形态解读

如图4-16所示，在深圳燃气2016年6月28日的分时图中，开盘后，该股运行平稳，并在10:30左右开始了震荡攀升的走势，之后股价节节上扬。这种震荡上升的节奏一直持续到收盘，当日的长阳线使得股价一举突破了低点整理平台。根据这种盘口形态再结合日K线图，可以判断这是低点位多方力量蓄势充分、主力展开拉升的信号。

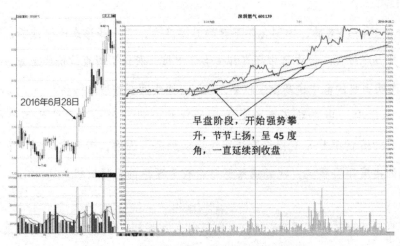

图4-16 深圳燃气2016年6月28日的分时图

买卖点判定

长阳线突破当日，若股价能够稳稳站于均价线上方，与均价线保持一定距离，则表明市场抛压较轻，投资者可于当日或次日追涨买入；反之，宜多观察两日，逢短线回落时再买入。

实战指南

结合图4-16，分时线在盘中向下回落时，始终与均价线保持一定距离，且个股短线涨幅小，突破形态刚刚出现，此时的大盘运行也较为稳健，该股随后出现明显回落的概率较低。在操作上，当日或次日是买股布局时机。

小贴士

这种突破形态若能有个股良好的业绩支撑来配合，则成功率将大大提升，而且这种盘口拉升形态也常见于中长线主力的操盘手法。

4.5 出货时的常见盘口特征

4.5.1 带量跳水出货

形态特征

（1）开盘或盘中出现了幅度较大的跳水走势。

（2）跳水时的股价下滑速度（与飙升时的上扬形态正好相反），股价出现快速下跌，成交量为巨量，放大明显。

（3）盘中低点处，个股反弹力度弱，且量能明显小于跳水时。

形态解读

带量跳水是主力下跌出货行为的一种盘口表现形态。在个股遇利空消息或是大盘走势较弱时，主力往往会选择以空间换时间，通过压低股价、吸引抄底盘的方法来实现快速出货。由于主力出货力度较大，而承接方为市场的散单，因而，跳水后的走势显得绵软无力，空方占据了完全主动。

如图4-17所示，在金风科技2017年3月30日的分时图中，此股早盘大幅跳水且有巨量放出，随后的盘中走势较弱，这是带量跳水出货的典型盘口形态。此案例的"放量跳水"波段出现在早盘开盘时。

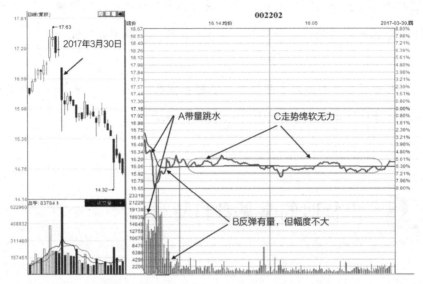

图4-17　金风科技2017年3月30日的分时图

买卖点判定

放量跳水是大资金出逃的信号。若个股中短线已有一定涨幅，则预示着深幅调整，甚至是行情反转的来临，而且，下跌出逃往往会造成价格走势短线崩塌。在操作上，持股者应第一时间卖出离场，以规避风险。特别是在大盘走势较差的背景下，主力出货与系统性风险双重叠加，若不能第一时间卖出离场，则很有可能陷入深度套牢的窘境。

实战指南

以图4-17来作如下分析。

（1）在A段走势中，该股大幅低开，形成了跳空缺口，且开盘后股价又快速跳水，且伴有巨量，这说明主力出货意愿坚定，预示了行情的反转。

（2）随后的B段走势中反弹至均价线上方，但反弹时量能明显缩减，这表明多方反攻力量远逊于空方力量。

（3）C段的走势围绕均价线，虽然此时的价格走势停止下跌，但这仅仅是因为主力在盘中低点出货力度减弱的结果。

（4）综合来看，A段走势已表明了方向性选择，也体现了主力的下跌出逃行为。由于当日是主力下跌出逃的首个交易日，所以后续仍有较大下跌空间。在操作上，投资者应在当日就卖股离场。

> ### 小 贴 士
>
> 在大市低迷、个股普跌的背景下，投资者不应对手中持有的相对抗跌但缺乏上涨动力的个股抱有过大希望，因为随着行情低迷的持续，主力随时可能会下跌出货，稳妥的策略就是提前离场，而不是等到盘口出现了明显的下跌出货形态时再卖出。

4.5.2 盘中走势节节下行

形态特征

（1）早盘或盘中开始，股价开始震荡下行，虽然下跌速度不快，但震荡下跌的态势却持续时间很长，往往能一直延续到收盘。

（2）在震荡下行过程中，经常性地出现因股价下滑而引发的放量。

（3）从日K线图来看，当日成交量相对放大。

形态解读

主力的出货行为势必改变多空力量对比格局。当主力出货行为较为缓和，而市场做多氛围又不浓郁时，股价在盘中的下跌速度虽然不快，但却有着很强的持续性。这往往就会以"盘中走势节节下行"的形态表现出来。

如图4-18所示，大立科技2017年4月10日的分时图中，早盘开始之后，该股走势就开始了不断下行的态势，一直持续到收盘。该股当日收于中阴线且成交量相对放大，这正是主力在盘口不断出货的市场行为体现。

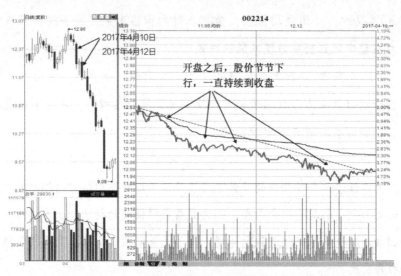

图4-18　大立科技2017年4月10日的分时图

买卖点判定

在中短线上涨后的高点位，或者是长期盘整之后，若个股出现了这种盘口形态，则往往预示着主力已展开了出货。特别是在技术形态上呈"破位"之时，这种盘口形态大多预示着一轮下跌行情的展开。在操作中，投资者应及时卖出这种形态的个股。

实战指南

主力一旦选择了某种出货方法，往往就会连续使用。当个股在短短几个交易日内接连出现这种"盘中走势节节下行"的盘口形态时，投资者应果断卖出，以规避风险。

仍以大立科技为例，此股继2017年4月10日之后，在2017年4月12日再度出现这一盘口形态，如图4-19所示，A段走势中虽然有一波上冲，但时间短、幅度小，更是一种诱多的体现，随后的B段走势几乎覆盖了全天，这才是主力真实市场行为的体现。

图4-19　大立科技2017年4月12日的分图

小贴士

　　盘中走势节节下行，这是一种极为弱势的盘口形态。在该形态下，股价在盘中无明显反弹，且往往会在某个时间点引发短线盘的大力出逃，从而造成股价加速下行。因此，在识别出这种盘口形态后，不必等到收盘，应在第一时间果断卖出。

4.5.3　涨幅区震荡出货

形态特征

　　（1）开盘后出现了快速上涨，涨幅相对较大。

　　（2）随后的盘口走势则呈弱势，股价震荡下行，长期处于均价线下方，但个股处于上涨状态。

　　（3）盘中震荡下跌时往往有量能放出，日K线图上显示当日放量。

形态解读

　　主力出货时，并不一定要打低股价。在市场人气相对较好、有跟风追涨盘时，主力在开盘时通过快速拉高股价，就可以让个股在上涨的状态下而陆续派出筹码了。由于股价处于上涨状态，对于持股者来说，往往会忽视主力的出货行为。

如图4-20所示，在广深铁路2017年4月12日的分时图中，该股开盘后快速冲高，随后的全天走势较弱，始终受均价线压制，股价一路震荡下滑。从日K线图可见，当日量能放大明显，收于长上影线。这正是主力在涨幅区不断出货形成的，至收盘时，开盘的拉升成果也消失殆尽。

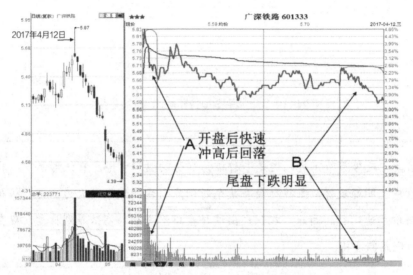

图4-20　广深铁路2017年4月12日的分时图

买卖点判定

这种盘口形态常出现在震荡区的突破位置点，开盘的快速冲高给人的第一感觉是"个股将突破、一轮上攻行情将展开"，从而对其未来走势抱有较高期望。主力正是利用这种心态而进行快速出货。在实盘操作中，至收盘时，个股的"涨幅区震荡出货"的盘口形态已较为清晰。此时，投资者应顺应股价走势转变，及时调整思路，卖股离场。

实战指南

结合图4-20作如下分析。

（1）A段走势中出现了冲高后的快速跳水、大幅度跌破均价线，跳水时伴以巨量，这正是主力借市场追涨盘入场而快速出货形成的盘口形态，也预示着随后的盘中走势或以震荡下跌为主。

（2）随后，股价出现反弹，一度突破均价线，但无法企稳。此时，再度跌破均价线时，就应及时卖出了。

（3）收盘前的一波下跌走势中（B段），持续时间长，且期间有量能放大。这也是主力陆续派发筹码形成的。

小贴士

除了关注盘口中出现了这种震荡下跌出货形态之外，还应结合当日股价放量程度。一般来说，当日量能放大越明显，个股随后的短线跌势就越迅猛，短线持股的风险也越大。

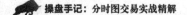

第5章

盘口量能

　　盘中的分时量价形态，结合分时线波动，就是盘口的量价配关系。它体现了主力的市场行为以及多空力量的交锋情况，为我们预示了短线价格走向。了解并掌握盘口量价形态，是使用分时图展开实战的重要环节之一。

5.1 量堆式波段上冲

5.1.1 量堆推升节节高

形态特征

　　（1）堆量推高：股价如同迈着台阶向上涨，每一波快速上扬时都出现了一个量能堆。

　　（2）横向运行：在推升后的高点强势横向运行，这是一个整理过渡。

　　（3）再度推升：再度出现了量能堆，又推升股价至盘中新高点。

形态解读

　　堆量推升节节高也称为台阶式上扬，是中长线主力惯用的拉升手法之一。这种盘口量价形态下的股价的上涨有着坚实的基础，盘中高点的买盘承接力度也很强，市场抛压不重。若个股累计涨幅不大或者是正处于盘整后的突破点，则这种盘口形态预示着一波上涨行情的展开，短线交易有一定的利润空间，中线的上涨空间也较为可观。

股价如同迈着台阶向上涨，每一波快速上扬时出现了一个量能堆，随后，在推升后的高点强势横向运行，这是一个整理过渡。随后，再度出现了量能堆又推升股价至盘中新高点。

如图5-1所示，在水晶光电2017年2月13日的分时图盘中，出现了三次较为明显的上涨，每一次上涨都有一个量能堆，在每次上涨后的盘中高点都能够强势企稳运行，从而使得股价在盘中不断走高，这就是图中标注的3个"量堆推升+横向运行"的组合。

一般来说，在出现两次这种组合之后，就可以确认个股出现了"堆量推升节节高"的形态，它是主力盘中积极运作的信号。

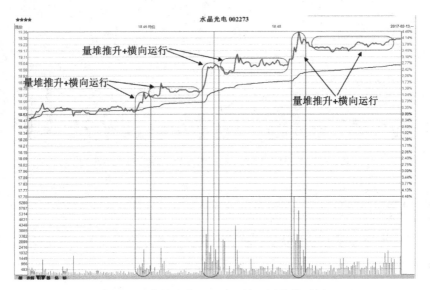

图5-1　水晶光电2017年2月13日的分时图

买卖点判定

堆量推升节节高形态下，股价在盘中上扬后回落的可能较小。在实盘中，投资者在盘中发现这种形态后，只要当日上涨幅度不超过5个百分点，则可以追涨入场，风险较小。一般来说，盘中第二次出现的"量堆推升+横向运行"能够让我们判定出此形态。

在图5-1中，第二次出现"量堆推升+横向运行"时，我们可以在横向运行中买股入场。

若当日盘中已涨幅较大（超过5%），且接近收盘时间，则可以在次日盘中逢盘中震荡回落时介入。这种盘口形态并不是短线飙升的信号，而是一波行情出现的标志。

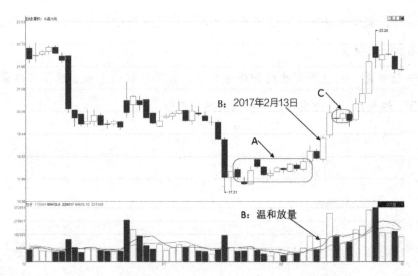

图5-2 水晶光电2016年12月至2017年2月的走势图

实战指南

（1）经盘整蓄势后出现了"堆量推升节节高"是更可靠的上涨形态，买入后风险会更小；如图5-2的A区域就是一个低位蓄势区。

（2）"堆量推升节节高"出现当日以中阳线为宜，如图5-2的B点位，由于当日涨幅不大，所以在盘中一旦识别出这种量价形态，就可以实施买入。

（3）关注当日成交量大小，当日放量效果以温和为宜，过大的量能预示着抛压较重，短线或有回调。如图5-2所示，B的量能指示，当日成交量温和放出。

（4）短线买入后，若股价如期上涨，但短线涨幅较小，此时出现了整理，如图5-2中的C点区域，此时应耐心持有。这是因为"堆量推升节节高"这种形态常见于中长线主力投资的个股身上，所以这种盘口形态不意味着短线飙升。投资者买入后，应耐心持有。

> **小贴士**
>
> 堆量推升节节高，股价推升时的"堆量"与盘中随后横向运行时的量能，两者有一个较鲜明的放量、缩量对比效果。如果两者对比效果不明显，则大多预示盘中抛压较强，短线仍宜观望。

5.1.2　后量超前量

形态特征

（1）盘中先是出现了一波小幅度的放量上冲，随后强势运行，股价稳稳运行于均价线上方。

（2）再度出现放量上冲，幅度相对较大，且量能明显大于前一波上冲。

（3）第二次上冲后，股价仍旧稳稳运行于均价线上方，没有出现大幅回落。

形态解读

第二波上冲时的量能大于第一波上冲，这就是后量超前量。两波放量上冲体现了主力拉升个股行为的连贯性与强烈性。后量大于前量，且股价能站稳于盘中高点，是买盘入场积极、多方力量充足的标志。因此，只要个股日K线图良好，一波上攻行情将在主力的运作下而展开。

如图5-3所示，在金浦钛业2017年2月21日的分时图中，B段上冲走势的量能大于A段。这就是后量大前量的盘口形态。

买卖点判定

后量大前量要结合个股当日的涨幅来决定买卖时机。一般来说，若当日涨幅小于5%，且短线上涨幅度不大，则当日收盘前可追涨入场；反之，若当日涨幅较大，则可以再观察一两日，逢随后一两日的盘中低点入场，避免短线追涨被套。

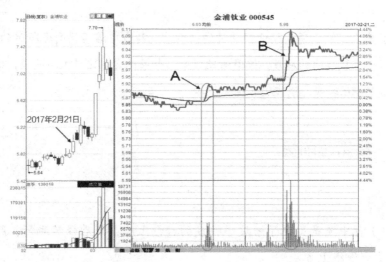

图5-3　金浦钛业2017年2月21日的分时图

实战指南

结合图5-3作如下分析。

（1）B段走势放量充分，涨幅较大，随后的回落没有靠近均价线，且与均价线保持一定距离。这是一种强势盘口形态。

（2）当日收盘时的涨幅只3%，涨幅较小，且个股短线未见明显上涨。

（3）操作中，当日收盘可以追涨买入。

小贴士

后量超前量形态中，第二波上冲时的量能放大是否充分、是否能站稳于盘中高点，既是决定我们短线追涨的关键因素，也是分析主力拉升意愿强烈与否的盘口信息。

5.2 带量跳水震荡

5.2.1 突破前带量跳水震荡

形态特征

（1）日K线图上，个股呈缓慢攀升状。

（2）当日早盘阶段，个股处于上涨状态，走势相对较强。

（3）突然出现的连续大抛单将股价快速打低，但在低点停留时间较短，股价开始回升并向上突破均价线。

（4）随后的盘中，价格走势震荡上行，上涨时的量能效果显著大于此前下跌跳水波段。

形态解读

K线图上缓慢的攀升表明多方占据了主动，当日的盘中下跌持续时间短、收复失地快，且下跌时的量能明显小于震荡上扬波段。结合个股总体运行态及当日盘口量能效果来看，这是主力在拉升个股前实施的一次测试市场的跟风抛压情况的操作。由于下跌后的盘口走势强劲，表明主力牢牢掌握主动权，市场真实抛压较轻，个股随后有望在主力运作下展开上攻行情。

如图5-4所示，在皖通高速2016年11月4日的分时图中，在早盘的B段走势中，该股的跳水具有突发性，但持续性不强，随后立即收复了跳水失地。结合当日盘口整体表现及日K线图来看，这是主力拉升前的下跌震仓行为，是机会的象征。

买卖点判定

拉升前的带量跳水行为是主力有意快速拉升个股的强烈信号，一旦主力盘口测试效果较好，随后往往就会展开强势的拉升。因此，在实盘操作上，我们应在第一时间买股入场，因为若大市不出现深幅调整，则这类个股很难出现短线调整。操作上，若投资者犹豫不决，则就有可能错失"买在启动点"的机会。

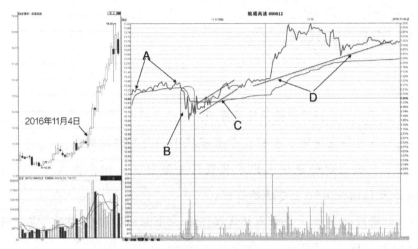

图5-4　皖通高速2016年11月4日的分时图

实战指南

结合图5-4作如下分析。

（1）该股的日K线图上正处于"慢牛"状上升态势，虽然涨势不快，但具有较强的独立性。这正是主力积极运作个股，使其走势不随波逐流的结果。

（2）在当日的盘中，A段走势处于上涨状态，较为强势，符合此股的趋势特征；如果忽略B段走势中的短暂跳水，将A、C、D段走势相连，则可以看出这是一个强势上涨型的分时图，代表着主力的拉升行为。

（3）B段的跳水很短暂，且量能明显小于D段中的强势上扬波段。这说明下跌时的抛单远小于拉升时的买单。这也是主力少量抛单下跌震仓、大量买单入场拉升的市场行为体现。

（4）结合个股短线涨幅小的情况来看，当日收盘前就应买股入场，避免错失机会。

这种盘口形态常出现在中线主力控盘的且有业绩个股的个股身上。当日下跌震仓后的上涨，往往会使其呈突破状态，预示着一轮上攻行情的展开。但这种日K线形态较为常见，若没有可靠的盘口形态支持，冒然追涨的成功率并不高。

5.2.2 反转前带量跳水震荡

形态特征

（1）日K线图上，个股中短线跌幅较大。

（2）当日开盘后继续弱势运行格局，处于下跌状态。

（3）盘中再度出现快速跳水，跳水持续时间较短，但有量能放出。

（4）随后，盘中走势转强，股价震荡回升，不仅收复了跳水失地，还能震荡上行，收盘时的股价接近当日最高。

（5）从日K线图来看，当日成交量未见明显放大，处于相对缩量状态。

形态解读

持续下跌背景下出现的盘中跳水走势，是下跌格局的延续，但盘口中短暂的跳水、伴以强势的反转回升，是多空力量对比开始转变的信号。这也往往是个股走势反转前的主力下跌整理行为，意在清洗不稳定的短线投资客，为随后反转拉升打基础。

如图5-5所示，在金圆股份2017年1月17日的分时图中，B波的跳水走势出现在中短线下跌之后的弱势盘口运行中，随后的强势反转回升则表明空方力量已然不足，是短线反转信号。

买卖点判定

这是一种在中短线下跌格局下的抄底形态，若没有明显利好，个股难以出现"V"形反转，不过反转前往往还有一个短线企稳的形态。实盘中，跳水整理当日并不是最好的抄底时机。投资者可以再观察两日，若个股能够短线企稳，则可以买股布局。

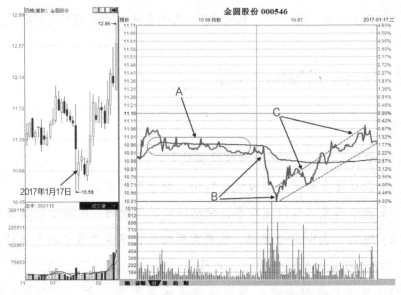

图5-5　金圆股份2017年1月17日的分时图

实战指南

结合图5-5来作如下分析。

（1）当日出现在短线跌幅较深的低点区，是一个中短线有支撑的位置点，一旦分时图出现反转信号，则入场抄底的成功率较高。

（2）A段的盘口弱势运行格局表明空方仍旧占据主动，此时不宜入场。

（3）B段的跳水走势带有量能，但从日K线图来看，当日并未放量，因此，这不算是放量下跌，空方抛压并不沉重。

（4）C段反转回升波段持续时间长、力度较大，打破了原有的多空力量对比格局，是中短线有望反转的明显信号。由于当日收盘时，个股仍处于下跌状态，短线抄底风险相对较小，所以当日收盘时，投资者可买股入场，在随后两日的企稳震荡中，可以适当加仓。

在下跌格局下准确抄底的难度较大。实盘操作中，本着保护本金安全的原则出发，投资者应控制好仓位，当已买入仓位处于获利状态后，才宜进行加仓操作。

5.3 尖顶式放量折返

5.3.1 开盘尖顶式放量

形态特征

（1）开盘后，股价出现快速上冲、快速滑落的尖顶式形态。

（2）尖顶构筑时间较短，但量能放大明显，可以从日K线图上看到放量效果。

（3）尖顶折返之后，股价失去了上涨动力，均价线形成强力阻挡，盘中股价震荡回落，一直延续至收盘。

形态解读

这种盘口形态常见短线高点，或者是盘整后的突破点。放量尖顶的构筑有两种可能，一种是主力刻意放量的结果，意在吸引追涨盘入场；另一种是快速拉升时遇到大量抛盘的结果，这往往正是主力出货所致。无论是哪种情形，股价随后的持续滑落表明空方力量已完全占据优势，一轮下跌行情将出现。

如图5-6所示，在中国中期2017年2月17日的分时图中，A段的快速上冲与B段的快速回落，正好构筑了一个开盘后的尖顶反转形态，且出现了明显的放量。

买卖点判定

开盘后的放量尖顶形态的出现，预示着股价走势已然折转，股价也将在均价线的压制下而逐波下滑。因此，在图5-6中的B段走势之后，当股价反弹至均价线附近时，投资者应果断卖股离场。

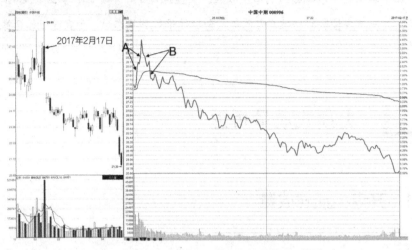

图5-6　中国中期2017年2月17日的分时图

实战指南

结合图5-6作如下分析。

（1）当日开盘后的尖顶形成时，量能放大明显，从日K线图上可以看到明显的放量，这说明尖顶引发了大量资金出逃。

（2）该股的前期涨幅较大，早盘的冲高虽使得该股有突破之势，但随后的折转标志着这更有可能是主力诱多出货的一种手法。

（3）实盘中，在识别出这种尖顶反转形态后，投资者应果断卖出离场。

5.3.2　盘中尖顶式放量

形态特征

（1）盘中运行阶段，股价出现快速上冲、快速滑落的尖顶式形态。

（2）尖顶构筑时间较短，但量能放大明显，可以从日K线图上看到放量效果。

（3）尖顶折返之后，均价线形成强力阻挡，股价震荡回落至收盘。

形态解读

从尖顶形态的构筑过程来看，它与前面的"开盘尖顶放量"是相似的，所不同的只是出现的时间点，一个出现在早盘开盘之后，个股因震荡回落的盘中时间更长，收盘时的跌幅往往也更大；一个出现在盘中，都是预示短线下跌行情开启的信号。

如图5-7所示，在瑞和股份2016年11月23日的分时图中，放量尖顶形态出现在盘中，随后的盘口走势也是震荡滑落至收盘。

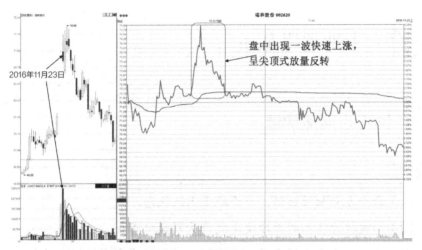

图5-7 瑞和股份2016年11月23日的分时图

买卖点判定

盘中放量尖顶形态的出现，预示着股价走势已然折转，股价也将在均价线的压制下而逐波下滑。因此，在尖顶放量反转的右段快速回落走势后，股价反弹无力，投资者应果断卖出。

实战指南

结合图5-7作如下分析。

（1）盘中的上冲回落较为迅速，构成了一个尖顶反转形态，从盘中看不出放量的效果，但从左侧的日K线图上，可以看出该股当日放出了巨量。因此，尖顶形态的出现会引发巨量交易。

（2）尖顶形态之后，该股弱势运行，均价线对其形成了压制。此时，这种盘口形态已经很清晰，应及时卖出。

小贴士

盘口上的尖顶形态出现之后，往往也预示着日K线图上的尖顶形态出现。因此，在实施卖出操作时，投资者一定要及时、果断，不可犹豫不决。

5.4 上冲遇阻放量

5.4.1 冲高点滞涨放量

形态特征

（1）盘中走势相对强劲，个股处于上涨状态。

（2）一波较为流畅的上冲使得股价达到盘中高点。

（3）在盘中高点小幅震荡，上涨迟缓，期间有成交量明显放大。这就是盘中高点滞涨放量形态。

（4）日K线图上，当日放量幅度较大。

形态解读

盘口中的一波上冲后出现了滞涨放量，这说明在盘中高点处抛压十分沉重，预示着个股走势在随后盘中的回落。若短线也涨幅较大，则这是一个短线见顶的信号。

如图5-8所示，在中科金财2016年10月13日的分时图中，A段是短线上冲后的高点震荡波段。此段时间的量能明显放大。这就是"冲高点滞涨放量"形态。

买卖点判定

"冲高点滞涨放量"常出现在短线涨幅较大的情形下，既是当日盘中上攻遇阻的标志，也是短线见顶的信号。操作中，盘中的这个放量滞涨区间是第一卖股时机，随后的震荡回落是第二卖股时机。

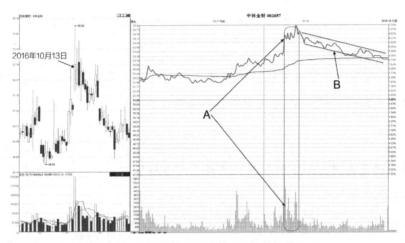

图5-8　中科金财2016年10月13日的分时图

实战指南

结合图5-8作如下分析。

（1）该股早盘走势强劲，午盘之后继续上扬。这秉承了该股短线强势的特征。此时，投资者应持股待涨。

（2）在图中A段走势中，持续时间虽然短，但却是明显的放量滞涨，期间量能创当日最高，且从日K线图来看，当日放量幅度较大。

（3）结合该股短线涨幅大的情况来看，盘中冲高时出现的这种滞涨式放量形态是短线见顶信号，应及时卖出。

（4）从盘中随后走势可见，滞涨式放量后，股价便一路下滑，因此，这种滞涨式放量区是最佳的逢高出逃时机。

小贴士

上冲遇阻时出现了放量，说明空方抛压十分沉重，个股的当日回落幅度一般较小，次日往往出现低开。操作中，投资者应把握住当日的卖出时机。

5.4.2 三角形巨量滑落

形态特征

（1）盘中走势较为强劲，个股处于上涨状态，分时线稳健运行于均价线上方。

（2）午盘前后，出现了一波流畅上扬，但在盘中高点遇阻，股价震荡滑落。

（3）滑落过程中有量能的明显放大，并跌去了这波上扬波段的涨幅。这波滑落与上扬波段正好构成了一个三角形。这是一个放量的三角形。

形态解读

三角形巨量滑落形态的出现，表明了空方抛压的沉重，是中短线上涨走势见顶折转的信号。

如图5-9所示，在榕基软件2016年9月7日的分时图中，A段上涨走势与B段滑落，正好构成了一个三角形，且期间放出巨量。

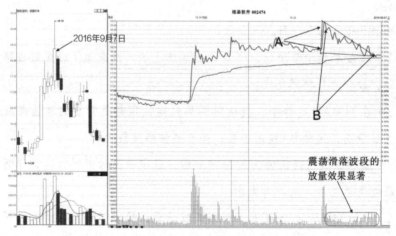

图5-9 榕基软件2016年9月7日的分时图

买卖点判定

"三角形巨量滑落"出现在短线涨幅较大的情形下，是资金大力出逃的标志。由于个股当日往往仍处上涨状态，滑落的幅度也不是很大，所以后续的抛压依旧十分沉重，个股次日往往大幅低开。操作中，投资者应在此盘口形态出现当日卖出，不要因个股K线图上呈突破之势，而忽略了盘口发现的下跌信号。

实战指南

结合图5-9作如下分析。

（1）该股的早盘走势非常强势，一波直线拉升后，股价稳稳停留于盘中高点不回落，从日K线图来看，走势呈加速突破状。

（2）但午盘后的再度上冲则遇阻，出现了巨量三角形滑落的盘口形态，这是多空力量对比快速转变的信号，我们应要及时调整思路、顺应形势，卖出离场。

小 贴 士

通过上面两个案例可以看到，上冲遇阻放量的盘口形态出现之后，个股次日的低开幅度往往较大。实盘中，投资者卖股时一定要快，尽量于当日收盘前卖出。

5.4.3 尾盘上冲遇阻

形态特征

（1）午盘后，或者是尾盘阶段，股价出现快速上冲，但遇到了明显下跌，上冲走势无攻而返。

（2）在遇到下跌直至收盘的时间里，成交量放大明显，当日量能也呈明显放大状态。

形态解读

一般来说，在短线高点，一些主力因出货需要，往往会在尾盘阶段刻意拉抬股价，为次日出货预留空间。尾盘上冲出现了下跌，表明出货的资金力度较大，主力在拉抬尾盘时遇阻。这样，个股在主力等资金的合力出货下，中短线走势难容乐观。

如图5-10所示，在中船防务2017年4月12日的分时图中，C段的上冲走势遇到了较强抛压，最终无功而返，整个上冲及回落过程均有明显的放量。这是尾盘上冲遇阻的表现形态。

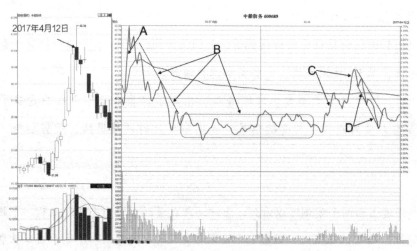

图5-10　中船防务2017年4月12日的分时图

买卖点判定

当这种盘口形态出现在短线高点时，是市场抛压极为沉重的标志，预示着快速下跌行情即将出现。操作中，投资者应在第一时间卖股离场。

实战指南

结合图5-10作如下分析。

（1）该股的短线上涨幅度大、速度快，有回调整理需要。

（2）当日的盘口整体走势整体较弱，早盘的拉升短促，随后是全天的震荡走低。这是诱多出货的盘口形态。

（3）午盘之后的拉升运作在收盘价又遇到了放量下跌。这体现了沉重的市场抛压，表明个股短线上攻已到末端，此时应及时卖出。

> **小贴士**
>
> 不仅仅是从分时图来把握卖出时机，日 K 线图上也要关注。当在短线高点连续数日滞涨时，空方力量就已转强，出现深幅调整的概率也在加大。

5.5 放量下跌出逃

5.5.1 高开深度跳水

形态特征

（1）当日高开幅度较大，开盘后出现快速、深幅跳水。

（2）跳水时的量能明显放大，股价在跳水后低点反弹无力。

（3）开盘半小时左右大抛单不断涌现，日K线图上可以看到当日的显著放量。

形态解读

高开放量跳水且无反弹，是主力资金诱多出货的一种常见手法。这时，主力通过高开，打乱散户投资者的判断，制造多空分歧，主力则可以借机大量出货。这种形态常见于突破位置点，但却是个股假突破、主力真出货的市场行为体现。

如图5-11所示，在江南嘉捷2017年2月20日的分时图中，该股当日处于震荡区高点，高开后使得个股呈突破形态，但开盘后急速跳水（A段走势），以及随后的B段弱势运行，表明这是短线见顶的信号。

买卖点判定

实盘中，投资者可以结合高开后的跳水力度和放量程度来把握短线的下跌力度。一般来说，开盘后的跳水力度越大、放量越明显，表明资金出逃力度越凶猛，当日盘口反转的概率越低，个股的短线下跌速度与力度越强。操作中，当日盘中是第一卖股时机；反之，若开盘后的跳水幅度与力度较弱，则可继续观察一段时间，看盘中是否有逆转迹象。

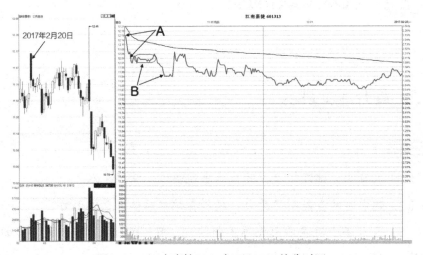

图5-11　江南嘉捷2017年2月20日的分时图

实战指南

相同的主力往往采取相同的操作手法，此股在随后的波动过程中，再度出现了这种"高开深度跳水"的盘口形态。

如图5-12所示，对比此股2017年2月20日的分时图来看，该股在2017年3月29日分时图中的A段的跳水力度更大、放量更明显。操作中，投资者不宜对个股的盘中逆转报有期望，应赶在B段新一轮跳水走势出现前卖出离场。

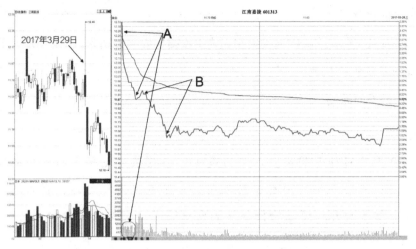

图5-12　江南嘉捷2017年3月29日的分时图

5.5.2　回升时无量

形态特征

　　（1）早盘出现了较为快速的震荡下跌或跳水走势，整个下跌过程成交量大幅放出。

　　（2）股价自低点开始回升，收复了之前的下跌区间，但回升时的成交量远小于下跌过程。

　　（3）价格走势再度弱势震荡下跌，均价线无法起到支撑作用。

形态解读

　　放量跳水后能够缩量回升，表明主力的控盘能力依旧较强，但量能放大的下跌波段才是主力真实意图的体现，缩量回升之后，股价走势较弱，也进一步验证了主力的出货行为。

如图5-13所示，在新亚制程2017年1月26日的分时图中，A波段震荡下跌，可以看到量能的明显放大，随后的B段回升量能明处于缩量状态。这就是"回升时无量"的盘口形态。

买卖点判定

无量式的回升表明买盘入场力度小，个股很难站稳于回升后的盘中高点，均价线的支撑作用也相对较弱。一般来说，此时的个股正处于短线高点。缩量回升、突破均价线后的盘中高点，就是最佳的卖出时机。

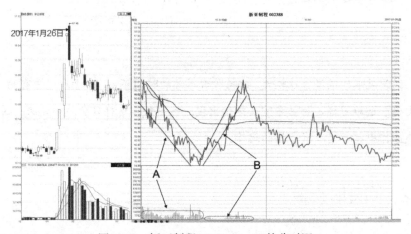

图5-13　新亚制程2017-01-26的分时图

实战指南

结合图5-13作如下分析。

（1）日K线图上，该股短线涨幅巨大，主力获利丰厚，有出货套现的需求。

（2）开盘之后，股价震荡下跌。最值得注意的是，该股下跌过程的成交量放大明显。这正是主力盘中下跌出货的明确信号。

（3）随后的B段走势虽然使得股价大幅回升，但回升波段量能大幅缩减，表明这只是盘中的一次反弹，而非反转；此时，应积极把握逢高卖出时机。

（4）随后盘中的弱势震荡下跌又一次验证了主力的出货行为。

小贴士

先大幅下跌，再大幅回升，这属于盘中的宽幅震荡。一般来说，当宽幅震荡的盘口形态出现在短线高点时，即使不考虑主力出货行为，它也代表着多空分歧的加剧，是短线见顶的明确信号之一。

5.5.3　低点再度放量下跌

形态特征

（1）个股在盘中出现了一波放量跳水。

（2）跳水后的低点，股价无力反弹，震荡走低，下跌时的成交量放大明显。

形态解读

放量跳水代表着主力的出货行为，也可能是自然的调整，但盘中低点失去支撑、再度放量走低的形态，则表明大量资金的连续出逃。这是一个危险的信号，表明空方力量已占据了绝对优势。

如图5-14所示，在天赐材料2016年6月21日的分时图中，A段为放量跳水，随后的B段走势是放量性的震荡下跌。这两段走势构成了"低点再度放量下跌"的盘口形态。

买卖点判定

这种盘口形态代表着空方力量占据了绝对优势。当个股短线涨幅较大时，它是短线见顶的信号。如果当日的下跌受大盘影响较大，而大盘又不具备系统性风险，则可以陆续减仓离场；如果这种盘口形态具有独立性，则可能是一轮暴跌行情展开的预警信号，当日收盘前就应清仓离场。

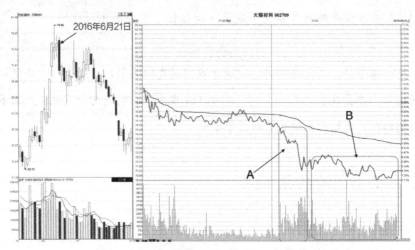

图5-14 天赐材料2016年6月21日的分时图

实战指南

结合图5-14作如下分析。

（1）此股早盘就呈弱势运行，而当日的大盘在早盘阶段是处于上涨状态的。

（2）结合该股此前的短线涨幅较大情形来看，此时的空方力量开始占优，午盘后出现的"低点再度放量下跌"形态虽与大盘跳水有关，但此股的跌幅、跌速明显强于大盘。可以预见，短线见顶回落的概率较大。操作中，投资者应及时卖出离场。

这种盘口形态代表着资金的连续出货，我们可以结合日K线图的放量效果来预测短线波动。如果放量幅度较大，则说明资金出逃力度大，个股的短线跌速也往往会较快，此时，投资者应第一时间（即当日）卖出；反之，则可陆续减仓离场。

第6章
分时波动中的买入点

短线交易，特别是"今买明卖"的超短线交易，关注的重点是资金的推动力、多空力量对比的瞬息变化。这时，相对而言，个股的质地、业绩、成长性倒成了次要因素。在把握多空力量的瞬息变化时，盘口分时图无疑是重中之重，一些典型的分时图为我们提示超短线买入、卖出信号。本章中，我们就结合实例来分析如何利用看涨分时图形态来把握短线买入时机。

6.1 盘口的流畅上扬

6.1.1 盘中多波流畅上扬

形态特征

（1）个股在盘中出现了至少两波流畅上扬，上扬时有量能放大配合。

（2）每一波上扬之后，股价能够稳健地站于盘中高点，均价线形成强力支撑。

形态解读

个股的强势上涨离不开主力的积极拉升。在拉升时，主力一般采取连续大买单推升股价的方式。这体现在盘口中就是流畅式的放量上扬形态。这种盘口形态是我们识别主力的重要依据之一。

在盘中出现了多波流畅上扬，基本可以认定主力的运作，只要中短线涨幅较小、有上升空间，同期大盘稳健，则主力随后继续拉升个股的概率较大。这是一个较为可靠的盘口看涨形态。

如图6-1所示，在龙溪股份2016年10月12日的分时图中，该股在盘中出现了三波流畅上扬，虽然每一波的涨幅不大，但每次推升后，股价都能稳稳站于盘中高点。这说明买盘充沛、多方力量充足，是短线看涨信号。

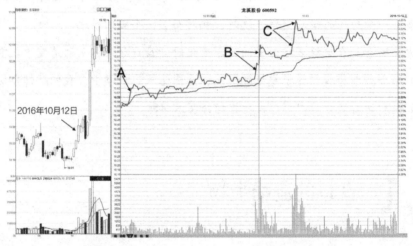

图6-1　龙溪股份2016年10月12日的分时图

买卖点判定

实盘中，投资者应结合个股的短线涨幅来把握建仓、买入时机：如果短线未见上涨、当日的收盘前的涨幅较小（在5%以下），则可于收盘前追涨入场；如果短线已有一定幅度，或当日收盘时涨幅较大，则更宜在随后数日的震荡中，逢盘中低点入场。

实战指南

结合图6-1作如下分析。

（1）日K线图上，该股正处于低位整理区，短线的上涨使得其呈突破上攻势头。

（2）盘中A、B、C三波上扬走势，量能放大理想、分时线挺拔有力，股价站稳于盘中高点，是多方力量占据主导地位的标志。

（3）日K线图上的三根中阳线形态使得其短线有一定涨幅，短线有调整需要。操作中，投资者可以多观察几日，一旦出现短线调整至当日开盘价附近，则可大胆买入。

小贴士

查看分时线的流畅上扬形态时，还应关注分时量的放大。有充分放大的分时量来配合，才标志着主力的强力拉升行为，也才是更为可靠的短线上涨信号。

6.1.2　强势盘口再度飙升

形态特征

（1）早盘阶段个股走势较强，处于上涨状态。

（2）盘中运行，分时线运行于均价线上方，呈强势格局。

（3）午盘前后，出现了一波幅度较大的流畅式上扬，量能放大充分，且股价能站稳于盘中高点至收盘。

形态解读

强势盘口格局下再度出现流畅放量的上攻形态，这是主力做多行为在当日盘中前后连贯的标志，也是个股短线看涨的可靠信号。

如图6-2所示，在葛洲坝2016年7月5日的分时图中，早盘阶段，盘口走势较强，午盘后的一波大幅飙升走势也伴有充分放大的量能。这就是"强势盘口再度飙升"形态。

买卖点判定

　　这种盘口形态出现后，个股的短线涨幅往往已经较大，此时追涨入场易因股价回调而短线被套，更为稳妥的策略的是：等待数日，在股价回调后，再买股入场。一般来说，股价回调至当日收盘价附近，只要大盘不出现系统性下跌，这个回调低点就是最佳的短线入场时机。

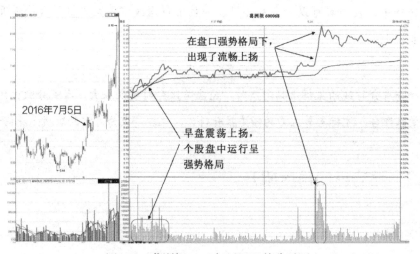

图6-2　葛洲坝2016年7月5日的分时图

实战指南

　　结合图6-2作如下分析。

　　（1）从日K线图可见，个股已突破了低位整理区间，短线涨幅较大，当日盘收盘时涨幅较大，短线有调整需要。操作中，投资者应等待随后的回调低点入场。

　　（2）从分时图来看，个股的盘中飙升幅度较大，且在盘中高点处未回落至均价线附近。这说明主力拉升意愿较强、控盘能力突出，个股中短线行情值得期待。

　　（3）由于短线及当日盘口涨幅较大，实盘中，投资者不宜追涨入场，应耐心等待回调后的买入时机。

小贴士

　　流畅上扬是发现主力行踪的线索，但流畅上扬不等于短线行情的开启。我们还要结合个股在盘中高点的企稳方式来作判断：如果能强势不回落，且不向下靠拢均价线，则中短线行情可期；反之，则更有可能是昙花一现的盘中上冲。

6.2 突破点盘口强势上涨后回落

6.2.1　盘中多波推升高点回落

形态特征

　　（1）盘中强势运行，出现了几波较为强势的拉升，至盘中高点。

　　（2）盘中上扬时的量能放大较为明显。

　　（3）股价自盘中高点开始回落，一直持续到收盘，股价回落幅度较大，且向下附着于或跌破均价线。

形态解读

　　盘中出现了多波拉升且伴有上涨放量形态，这是多方力量充足、主力拉升意愿较强的信号。但是，当盘中涨幅较大后，股价失去了支撑，开始持续回落，这表明市场的逢高抛压相对较重，个股仍有短线调整的需要。

　　如图6-3所示，在太平洋2016年8月15日的分时图中，该股早盘阶段处于小幅度上涨状态，随后的B段走势出现了几波强力拉升，但C段的回落走势使得B段涨幅成果失掉了大部分。这就是"盘中多波推升高点回落"的盘口形态。

买卖点判定：

个股自盘中高点出现了深幅回落，这是主力控盘能力不够强、市场逢高抛压重的信号之一。虽然盘中的多波推升彰显了主力的拉升意图，但短线操作上，投资者仍应继续观察几日，择机在短线回调低点买股入场，以免追涨被套。

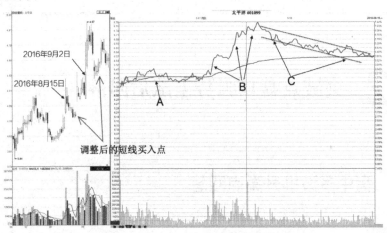

图6-3　太平洋2016年8月15日的分时图

实战指南

结合图6-3作如下分析。

（1）从日K线图来看，当日收了上影线，且量能放大明显，说明盘中冲高遇到的抛压较重，短线有调整需要。

（2）从分时图来看，自B段走势的最高点开始向下滑至收盘，持续时间长，且失掉了B段的大部分涨幅，说明抛压具有较强的持续性。

（3）综合盘口及日K线图来分析，该股短线有调整需要。操作中，投资者应观察几日，逢短线回调点买入，而不是在当日收盘前追涨入场。

小贴士

这种盘口形态虽然让个股形成了一个短线高点，但一般并不是反转的信号，而只代表着短线抛压较重。只要个股的中线累计涨幅较小、整体趋势向好，那么，投资者随后于短线调整时低点入场就会有较高成功率。

6.2.2　盘中流畅飙升至高点回落

形态特征

（1）开盘后的盘中走势较为平稳，未出现明显的上涨或下跌。

（2）突然出现了一波极为流畅、幅度大的飙升走势，股价飙升时有量能的明显放出。

（3）自高点开始出现逐波回落，至收盘时，股价跌破了均价线，但个股仍处于上涨状态。

形态解读

这种盘口形态与上面讲到的"盘中多波推升高点回落"的市场含义相近，所不同的就是盘口的上涨方式，但都是个股中短线有望突破上攻的信号。

如图6-4所示，在太平洋2016年9月2日的分时图中，B段飙升走势流畅性好、幅度大，彰显了主力的强势拉升行为。但随后的盘口走势则相对较弱，至收盘时，股价已跌至均价线下方。

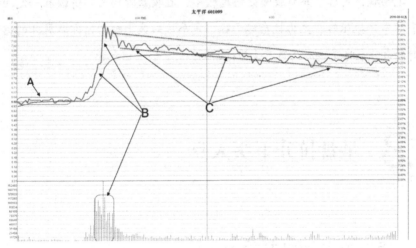

图6-4　太平洋2016年9月2日的分时图

买卖点判定

盘口的强力飙升代表着主力的强烈拉升行为。一般来说，只要个股当

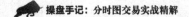

日的回落幅度较小，则主力多会继续实施拉升。因此，在把握买点时，投资者要关注盘中回落的幅度。若在收盘时，股价仅仅跌去了飙升波段的一小截涨幅，且跌破均价线幅度小，则当日收盘前可试探性买入；反之，则应等随后几日的回调低点买入。

实战指南

结合图6-4作如下分析。

（1）B段的一波飙升幅度接近9%，飙升时的量能放出具有连续性。这显示出主力连续大单推升的实力与信心。

（2）C段的回落走势虽然较弱，但回落幅度只有4%左右，而且，回落的时间很长。这说明市场的逢高抛压相对适中。

（3）短线来看，该股有望在主力的运作下继续上涨，但因为当日涨幅相对较大，所以投资者在追涨时应控制好仓位，并设定止盈价位。

> **小贴士**
>
> 流畅飙升之后，若个股回落幅度较小、且收盘时仍与均价线有一定距离，则表明市场抛压轻、主力控盘能力强，是个股短线上攻行情即将展开的信号。此时的最佳策略是追涨，而不是等待回调。

6.3　早盘拉升下买入点

6.3.1　早盘小幅拉升节节高

形态特征

（1）开盘之后，出现了小幅度拉升的上扬走势。

（2）盘中高点，股价在均价线上获得了有力支撑，且震荡走高。

（3）至收盘时，股价接近当日最高点。

形态解读

这种盘口形态是做多力量充足、正源源不断释放的标志，开盘后的上扬虽然幅度不大，但流畅度佳、盘中高点有支撑。这正是主力积极运作的结果。一般来说，只要个股中短线涨幅较小，这种盘口形态就预示着主力有意拉升个股，是看涨信号。

如图6-5所示，在银邦股份2016年5月31日的分时图中，A段是小幅上扬走势，B段是强势震荡上升。这正是"早盘小幅拉升节节高"的盘口形态。

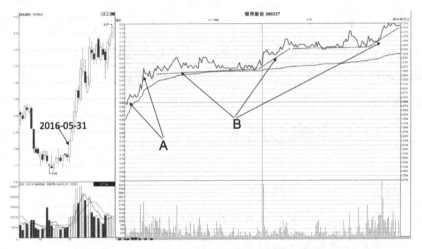

图6-5　银邦股份2016年5月31日的分时图

买卖点判定

这种盘口形态常出现在中短线涨幅较小的位置点。此时的主力拉升行为较为缓和，但持续性强。若非大盘有系统性回调，则股价在主力的积极运作下，短期内往往会持续攀升。因此，在把握买股时机时，投资者宜在识别出这种盘口形态后，第一时间入场。

实战指南

结合图6-5作如下分析。

（1）从日K线图来看，当日的中阳线使得该股呈突破低位窄幅整理区形态。这是一个买入信号。

（2）从分时图来看，当日的盘中走势十分稳健，股价节节走高，盘中高点支撑力强，且当日放量温和。这说明主力控盘能力强、短线逢高抛压轻，是买入信号。

（3）日K线图与分时图均发出买入信号，且短线上涨刚刚启动。操作中，投资者应在第一时间，即当日收盘前追涨买入。

> **小贴士**
>
> 温和的放量效果是决定我们追涨的关键因素之一，因为它代表着主力的控盘能力与市场抛压，若当日放出巨量，则表明抛压较重，即使中线看涨个股，则短线也宜多观察几日，选择一个回调机会入场才是最佳策略。

6.3.2 连续拉早盘强力吸筹

形态特征

（1）个股连续两个交易日在早盘10:30前出现了明显的上扬。

（2）早盘上扬时有量能的放大支撑。

（3）早盘上涨后，个股以均价线为支撑强势运行，至收盘时，股价接近当日最高。

（4）日K线图上，这两个交易日出现了明显的放量。

形态解读

连续两个交易日拉升早盘、放量上扬，且随后盘中走势能强势运行，说明有资金在积极承接。一般来说，这可以看作是主力资金吸筹行为的体现，预示着个股中短线走势向好。

图6-6、图6-7分别为中国重汽2016年7月12日和2016年7月13的分时图，可以看出，这两日早盘拉升方式虽有所有不同，但这明显是大资金运作的结果，且拉升之后的盘中运行也呈强势状态。这正是主力连续吸筹行为在盘口的信号之一。

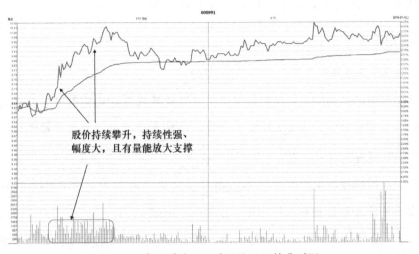

图6-6　中国重汽2016年7月12日的分时图

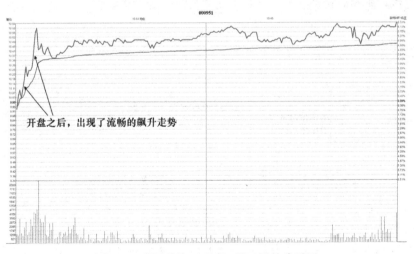

图6-7　中国重汽2016年7月13日的分时图

买卖点判定

连续两个交易日早盘拉升，使得个股短线涨幅较大。若两日的早盘拉升果真为主力吸筹所致，那么只要大盘不出现系统性下跌，则短线高点会获得较强支撑。实盘中，投资者可以耐心观察几日、在短线上涨后的高点位出现整理后并再次放量上涨时才是最佳的入场时机。

实战指南

结合图6-6、图6-7及图6-8作如下分析。

（1）2016年7月12日的早盘拉升及盘中强势运行，是该股有望启动的信号之一；当日涨幅较小，从日K线图上来看，短线涨幅很小，且呈窄幅整理区突破状，可以在收盘前追涨入场。

（2）2016年7月13日该股再度出现了这种早盘拉升、盘口强势运行的形态，由于短线涨幅已经较大，此时不宜再追涨入场。

（3）随后几日，个股呈强势的横向整理状态，大盘在此期间运行平稳，由于股价在连续两日后，已在这个短线高点获得了明确的支撑。这说明确有主力在积极运作。此时的强势整理平台区则是中短线入场时机。

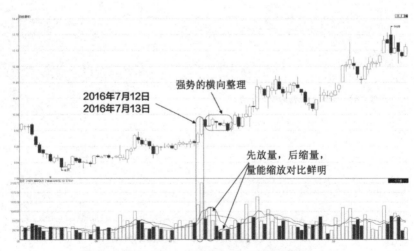

图6-8 中国重汽2016年5月至9月的日K线走势图

小贴士

连续两日拉升之后，若遇到了大盘回落，则个股也往往会顺势回调。此时，投资者应关注回调时量能大小。若量能大幅萎缩，则表明主力仍在其中，回调后的短线低点止跌时则是大盘为投资者创造的最佳抄底时机。

6.4 盘中由弱转强

6.4.1 "弱转强"两段式转换

形态特征

（1）开盘之后，股价走势较弱，出现了一定的下跌。

（2）在弱势运行格局中（或者是短线跳水之后），股价被大幅拉升，向上突破均价线，随后于盘中强势震荡至收盘。

形态解读

个股走势"先弱后强"，当这种盘口形态出现在短线深幅下跌之后时，投资者可以将该形态看作是多空力量对比格局于盘中逆转的信号，预示着短线下跌结束、反弹上攻将展开。

如图6-9所示，在新宁物流2017年4月27日的分时图中，A段为开盘后的弱势下跌格局，B段为逆转上攻的强势格局，且这种强势运行持续到了收盘。这就是"弱转强"两段式转换的盘口形态。

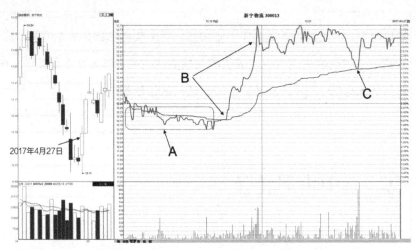

图6-9　新宁物流2017年4月27日的分时图

买卖点判定

这种盘口形态出现在短线低点时，或出现两个较好的买入点，第一买点为当日转强走势后再度回踩均价线时；若当日的逆转上扬幅度较大，会形成较重的短线抛压，随后两日的回调整理则是第二买入时机。

实战指南

结合图6-9作如下分析。

（1）B段的逆转上攻幅度较大，盘口中，股价有回调整理需要，不宜追涨。

（2）在C点位置，股价出现了一波深幅调整，且回踩均价线，由于此时的强势运行格局已经形成，均价线有着较强的支撑力，所示C点是当日盘中的一个买入时机。

> ### 小贴士
>
> "弱转强"两段式转换盘口形态只有出现在短线深幅下跌后的低点，才是一个可靠的反转上攻信号。

6.4.2 "强—弱—强"三段式转换

形态特征

（1）开盘后，股价上扬，走势较为强劲。

（2）在盘中高点，价格回落至均价线下方运行，此时为弱势运行格局。

（3）股价再度上攻突破均价线，强势震荡运行，持续到收盘。这是强势运行格局。

形态解读

相对于"弱转强"的两段式转换，"强—弱—强"多了一段"由强转弱"的过程，但最终都仍以强势运行格局收盘。两种盘口形态的市场含义是一样的。当"强—弱—强"三段式转换出现在短线深幅下跌后低点时，是多方力量快速转强的信号。

如图6-10所示，在科士达2016年3月17日的分时图中，A段走势为强势运行，B段为弱势运行，C段为强势运行，并持续到收盘。这就是"强—弱—强"三段式转换的盘口表现形态。

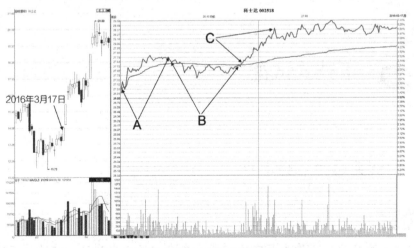

图6-10 科士达2016年3月17日的分时图

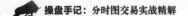

买卖点判定

把握买入时机时，要结合盘口及短线的涨幅情况，若个股刚刚出现短线上涨、当日盘口涨幅不大时，则投资者可于收盘前追涨买入；反之，投资者应等待几日，逢短线回调时再介入。

实战指南

结合图6-10作如下分析。

（1）该股在短线深幅下跌之后，于低点出现了长时间的横向整理，当日的上涨使得其呈突破上攻状。

（2）C段上攻走势后，股价未见回落，始终与均价线保持较大距离。这表明多方力量十分充足。

（3）收盘时的涨幅不大，短线又刚刚刚启动，因而，投资者收盘前进行追涨买入的风险较小，因为该股很有可能加速突破上攻。

小贴士

"强—弱—强"三段式转换中，每一段的时间长度也是关注要素。一般来说，最后一波的强势运行波段应持续时间最长，而中间的弱势运行波段则应相对较短。

6.5 下跌式试盘

6.5.1 弱势运行顺势下跌

形态特征

（1）开盘后，股价呈弱势运行状，在盘中低点出现了一波快速下跌。

这是弱势下的顺势下跌。

（2）股价快速回升，向上突破均价线，一举收复了之前的跳水及下跌空间。

（3）在均价线上方强势运行，震荡攀升，至收盘。

（4）当日量能未见明显放大。

形态解读

弱势运行格局的一波跳水引发了买盘的迅速入场，且有效推升了股价。这种顺势下跌且能快速上涨转强的盘口形态，多与主力下跌试盘行为相关。下跌后的走强表明市场抛压较轻，主力控盘能力强，预示了上攻行情的展开。

如图6-11所示，在佳隆股份2016年5月26日的分时图中，A段的跳水走势出现在弱势盘口下，B段走势上升速度快、幅度大，C段走势震荡攀升。这就是弱势运行下的顺势下跌盘口形态。

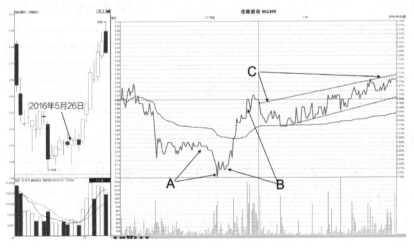

图6-11　佳隆股份2016年5月26日的分时图

买卖点判定

在短线下跌后的低位区，下跌测试后，若当日盘中涨幅较小，则投资者可于收盘前买股入场。由于判断这种形态为下跌试盘行为，预示着短线

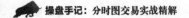

上攻行情将展开，但若持有数日内，仍无法上涨脱离成本区，则投资者应卖出。

实战指南

结合图6-11作如下分析。

（1）这一盘口形态出现在短线深幅下跌后的低点区，盘中下跌并未引发恐慌性抛盘，表明空方力量已消耗殆尽。

（2）B段走势的迅速回升，说明主力控盘能力较强；C段的震荡攀升表明多方力量占据主动。

（3）综合来看，试盘效果较为理想，该股有望在主力运作下展开上攻。操作中，投资者可以买股布局。

小贴士

下跌试盘之后，个股并不一定会马上大涨，因而，投资者在买入后，应耐心持股数日，避免错失机会。随着交易的持续，若个股无法展开强势上攻，则可分批减仓离场。

6.5.2　盘中（开盘）突然下跌

形态特征

（1）个股在盘中（或者是开盘之后）运行平稳，股价突然快速下跌，但回升的速度也很快，呈现出"V"形反转。

（2）随后以均价线为支撑，震荡走强，直至收盘。

形态解读

如图6-12所示，在三圣股份2017年5月2日的分时图中，开盘后的A段及B段走势构成了探底回升的"V"形反转，随后的股价稳稳运行于均价线上方。这就是开盘突然下跌的试盘形态。

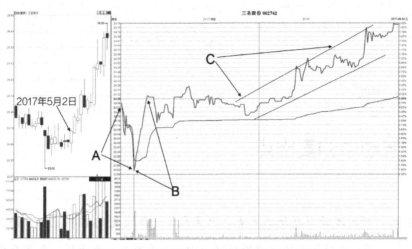

图6-12　三圣股份2017年5月2日的分时图

买卖点判定

盘中（开盘）突然下跌的形态并不是出现在弱势格局下，因而，一旦试盘效果理想，个股随后立刻出现上攻走势的概率较大。投资者在把握买点时，一旦发现股价在下跌后于盘中逐步走强，则宜在当日及时买入。

实战指南

结合图6-12作如下分析。

（1）开盘后的下跌较为突然，但并未引发大量抛盘离场，量能未放大，股价也能迅速收复失地。这是一个突然下跌型的试盘形态。

（2）C段走势开始节节攀升，结合个股短线波段未见上涨来分析，试盘之后出现快速上攻的概率较大。此时，投资者应及时买入布局。

> **小贴士**
>
> 结合上面两个案例来看，即使试盘当日没能及时入场，则随后的几日内，只要我们跟踪个股，也能在盘中觅得逢低入场机会。操作上，此时的个股走势更趋稳健，且呈上升势头，为较好的入场时机。

第7章

分时波动中的卖出点

利用分时图波动形态把握买点，只完成了一笔交易的前半段。"会卖的才是师傅"，买入的时机把握准确固然好，但成功率总有一个上限。如果我们不能正确地把握卖点，那么，当买错个股时，我们很难及时止损离场，保护本金；当买对个股时，也很难实现利润最大化。本章中，我们就结合分时图形态来分析如何更好地完成超短线交易的后半段——卖出。

7.1 早盘一波冲顶

7.1.1 盘中低点直线拉起

形态特征

（1）开盘之后处于小幅下跌状态，此时出现了一波强势上扬，股价一跃突破均价线并向上大涨。

（2）股价在盘中高点失去支撑，开始震荡滑落，一直持续到收盘，并大幅跌破均价线。

（3）日K线图上，中短线涨幅较大，当日收出长上影线，且放出巨量。

形态解读

中短线涨幅较大的情况下，突然性的拉升，但在盘中高点却放任回落。这往往是主力借助于良好的市场追涨氛围，通过小单拉升而大单出货的手法。拉升的时间短促，但幅度大，可以为随后的盘中出货预留空间，由于股价的持续下滑，加之散户惯有的"逢高卖出"心态，就减轻了市场抛压。

如图7-1所示，在合肥百货2016年11月22日的分时图中，A段的一波冲高虽然十分强势，但时间短，盘中高点无支撑，随后的盘中走势持续回落，再结合日K线图上的中短线涨幅大、当日放出巨量可知，当日资金出逃力度较大，是价格走势短线折转的信号。

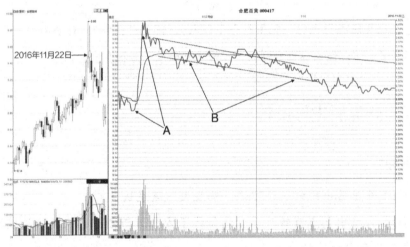

图7-1　合肥百货2016年11月22日的分时图

买卖点判定

我们可以结合B段回落走势的幅度与力度来把握短线卖股时机：如果B段走势回落幅度大、收盘时又处于下跌状态，说明主力的出货行为较为明显，个股随后几日可能出现快速下跌，应在收盘前及时卖出；反之，若回落幅度适中，收盘前又处于上涨状态，在主力与市场散单双重抛压之下，表明主力的出货力度较轻，次日盘中若有冲高，则是最佳逢高卖出时机。

实战指南

结合图7-1作如下分析。

（1）A段冲高之后，股价持续滑落至均价线，且无法站稳于均价线之上。此时，投资者应短线卖出。

（2）B段走势至收盘，股价仍处于上涨状态，回落幅度适中，主力出货力度不大。此时，为降低风险，投资者可以减仓；次日盘中若有冲高，则投资者应清仓离场。

（3）日K线图上，该股短线涨幅较大，放量明显，且这种放量方式难以持续，说明短线抛压较重，短线有调整需要。这是对分时图卖点的一个验证。

小贴士

在把握短线卖点时，既要结合个股及大盘的分时运行，也要控制好仓位。当短线卖出难以做出精确判断时，投资者可以采取分批卖出的策略。

7.1.2 开盘后尖形反转

形态特征

（1）开盘后出现的快速冲高，幅度大、速度快。

（2）自盘中高点直线跌落至均价线下方。这与之前的快速上冲波段正好形成了一个尖形反转。

（3）跌破均价线后，股价反弹无力，始终处于弱势运行状态，并一直持续到收盘。

（4）开盘冲高波段往往伴以巨量，但随后的震荡滑落则相对缩量。

形态解读

这种盘口形态出现在中短线高点时，往往伴随着主力的强烈出货意愿。主力利用开盘时市场观望者较多，提前在上方挂出压单，而自己则快速扫盘、上攻，制造一种放量上攻的强势上涨盘口形态，让投资者误以为个股即将展开突破上攻行情。随后的快速下跌、震荡滑落至收盘，则是主力出货行为的真实体现。

　　如图7-2所示，在神州易桥2017年3月15日的分时图中，A段的开盘放量快速上冲、B段直线下跌，正好构成了一个尖形反转形态。这是主力开盘后拉升出货的一种常见盘口形态。

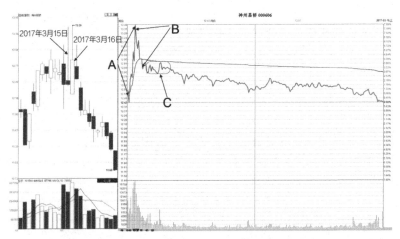

图7-2　神州易桥2017年3月15日的分时图

买卖点判定

　　这种盘口形态出现后，投资者应及时、果断卖出股票，否则很可能被套在短线高点，错失卖出时机。一般来说，开盘后的尖顶形成，由于股价反弹无力、无法突破均价线，就已经使得这种盘口形态成形，投资者无需等到收盘再确认卖出。

实战指南

　　结合图7-2作如下分析。

　　（1）B段的回落幅度大、速度快，均价线完全无支撑作用。这说明真实的抛压十分沉重。这正是主力出货的结果。

　　（2）C段走势中，可以看到股价完全失去了反弹动力，均价线压制作用强。此时，投资者就应及时卖出离场。

　　（3）若当日没能及时卖出，从日K线图来看，虽然个股中线涨幅较大，但短线处于横向滞涨走势中，若没有利空消息，短线或仍有震荡。

（4）图7-3标示了此股次日的盘口走势，该股早盘运行平稳，盘中再度出现飙升、高点无支撑的尖形反转。这是大盘走势稳健运行为我们创造的第二个卖出时机。

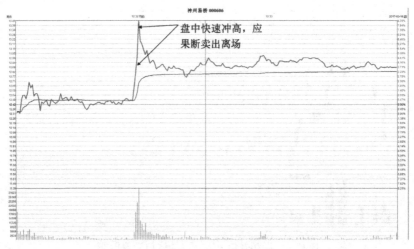

图7-3　神州易桥2017年3月16日的分时图

小贴士

　　若这种盘口形态出现在快速飙升的短线高点，则个股在日K线图上也易形成尖顶反转，顶部几乎没有构筑时间，投资者需要做的就是第一时间卖出离场。

7.2　强弱转换单边下行

7.2.1　开盘冲高后单边下行

形态特征

（1）开盘后，出现了一两波急速上冲，幅度较大。

（2）随后，开始震荡回落并跌破均价线，并一直持续到收盘。均价线对盘中反弹构成有力阻挡。

形态解读

若开盘后就持续下跌，则这显然是一种极为弱势的盘口运行格局。它所发出的下跌信号一目了然。但是，盘中走势由强转弱后的单边下行，则具有一定的隐蔽性，持股者易忽略其风险，殊不知，多空格局的转换往往就在盘中完成。

早盘冲高之后，股价失去支撑，单边滑落至收盘，正是多方力量昙花一现、空方占据主导地位的标志。在短线冲高点、跌势反弹点，这种盘口形态较为常见，是新一轮下跌走势展开的信号。

如图7-4所示，在分众传媒2016年12月2日的分时图中，A段走势为两波上扬，但个股无法企稳于盘中高点；整个B段走势都处于震荡滑落态势下，一直持续到收盘，使得该股最终以下跌状态收盘。这就是"开盘冲高后单边下行"的盘口形态。

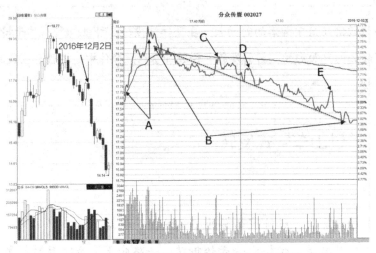

图7-4　分众传媒2016年12月2日的分时图

买卖点判定

这种盘口形态常见于短线冲高点，或反弹走势中，是价格走势折转的信号。由于当日盘中滑落的时间长，且酝酿着随后的暴跌风险，所以盘中的每一次反弹、股价向上接近均价线时，都是卖股时机，越早卖出，风险越小。这种盘口形态特征较为鲜明，在盘中就能清晰辨识，只要不报有"走势逆转"的侥幸心理，是可以及时出逃的。

实战指南

结合图7-4作如下分析。

（1）日K线图表明此时仅仅是反弹波段，因而我们不能对短线上涨空间期望过高。

（2）在A段的两波冲高走势中，第二波上扬时的量能放大不充分、较为短促。这是反弹遇阻的信号，此时可以逢高卖出。这是第一卖出时机。

（3）随后，股价向下滑落，跌破均价线。至此，"开盘冲高后单边下行"的盘口形态已然形态，每一次的反弹点（图7-4中标注的C、D、E）均是卖股时机。

> **小 贴 士**
>
> 因为股价在盘中滑落的时间长，在反弹波段，这种盘口形态对于持股者心态具有较强的负面影响，易引发新一轮股价雪崩。操作中，持股者应及时卖出，规避风险才是上策。

7.2.2 "过山车"式反转

形态特征

（1）早盘阶段，股价震荡攀升，涨幅相对较大。

（2）午盘之后，价格走势开始折转，一路向下，至收盘时，早盘的上涨成果已消失。

（3）综合全天走势来看，呈大起大落的"过山车"方式。

形态解读

这是一种先强后弱的盘口形态，往往与当日大盘走势跳水有关，或是盘中拉升遇阻，主力在早盘阶段有意拉升个股，但效果并不理想，午盘之后，开始反手出货。这是主力对大盘走势做出的一种预判，也预示了价格走势将转向。

如图7-5所示，在瑞尔特2016年12月1日的分时图中，A段的攀升成果被B段的下跌所湮灭，B段走势为单边下行，且持续时间长，虽然收盘前有所企稳，但股价未见反弹上涨。当日的B段盘口属于"过山车式单边下行"形态，是短线走势反转信号。

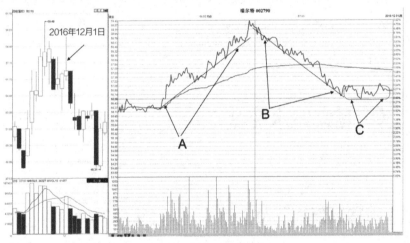

图7-5　瑞尔特2016-12-01的分时图

买卖点判定

"过山车"式的反转，由于早盘阶段的攀升持续性较强，主力以买入为主，而午盘之后的下跌滑落中，主力出货往往并不充分，所以个股随后的短线走势不容乐观。操作中，投资者应第一时间卖出离场，规避随后可能出现的快速下跌风险。

实战指南

结合图7-5作如下分析。

（1）该股处于短线高点的横向震荡之中，趋势运行不明朗。

（2）早盘的Λ段攀升走势使得个股呈突破之势，但是，午盘之后则转势下跌，出现了过山车的反转。这是趋势选择的一个信号。当日大盘走势相对稳健，这表明主力拉升时遇阻，转而开始下跌出货。在识别出这种形态后，投资者应第一时间卖出离场。

（3）收盘前的C段走势虽然企稳，此时是当日最后的卖股离场时机。

小贴士

过山车式的反转代表着空方力量后来居上。当这种盘口形态出现在短线高点，或是盘整震荡区高点时，则是可靠的短线下跌信号。它往往与主力的出货行为相关。

7.3 尾盘跳水变盘

7.3.1 涨幅区直线下坠

形态特征

（1）午盘之后，个股走势较强，处于上涨状态。

（2）收盘前半小时左右，出现了快速、深幅的跳水，直至收盘，跳水过程呈直线下跌状。跳水时，成交量大幅度放出。

（3）日K线图上，个股处于短线大涨后的高点。当日的尾盘直线跳水使得其收出长上影线阴线形态，且放量明显。

形态解读

收盘前半小时是多空双方密集交锋的一个时间段，往往也是股价方向选择的窗口。在价格短线涨幅大的情形下，若尾盘出现了直线的放量跳水，则这是主力在见到大市不好的情形下实施了大举出货的操作所致，是短线反转走势出现的信号。

如图7-6所示，在旭光股份2016年8月29日的分时图中，午盘之后，该股股价大幅上扬，但在盘中高点遇到抛压，股价未站稳于盘中高点，尾盘阶段更是出现了直线下跌，一波跳水幅度接近8%，且放出巨量。结合个股之前的强势上涨，可以判断这正是短线走势急速反转的信号。

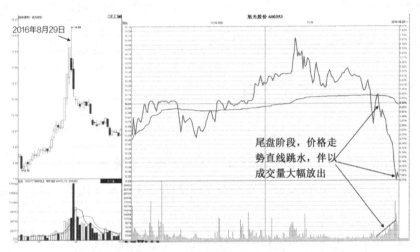

图7-6　旭光股份2016年8月29日的分时图

买卖点判定

这种盘口形态常出现在短线飙升之后，暴涨往往伴暴跌。因此，在盘口中，投资者不宜等到快速跳水时再卖出：一旦盘中拉升遇到强阻力，特别是午盘之后的拉升遇阻，就应果断卖出。而尾盘的直线放量跳水则是一轮暴跌行情即将展开的明显的信号，此时，也是最后的短线卖出时机。

实战指南

结合图7-6作如下分析。

（1）从日K线图来看，该股的短线涨幅非常大，涨势凌厉，短线获利盘众多。

（2）午盘之后出现拉升，但拉升时的量能放大不充分，且在盘中高点遇

阻，股价震荡回落。此时是第一卖出时机。

（3）收盘前半小时，在大盘下跌的带动下，股价直线跳水，是短线反转信号，此时是第二卖出时机。虽然卖在当日低点，但从日K线图来看，短线下跌空间仍旧较大。

小 贴 士

尾盘直线跳水之后，若投资者当日没能及时卖出，则次日早盘冲高（在大盘稳健的情形下，个股次日开盘后有适当修复尾盘大幅跳水的倾向）时应果断卖出，不可犹豫不决、错失出逃机会。

7.3.2 由强转弱尾盘下滑

形态特征

（1）盘中运行平稳，午盘之后，个股运行处于强势状态。

（2）收盘前半小时左右，个股向下跌破均价线，直至收盘，股价未出现回升。

（3）日K线图上，个股短线涨幅较大，当日量能显著放大。

形态解读

收盘前半小时，股价向下跌破均价线，且再无反弹。这说明经历了一天的交易之后，空方最终占据了主动。当日的大幅放量说明出逃资金较多，是短线反转的信号。

如图7-7所示，在昊华能源2016年12月14日的分时图中，C段走势呈强势格局，该股处于上涨状态，股价稳稳站于均价线上方，但是在D段标注的尾盘阶段，股价持续下滑至均价线下方。这正是"由强转弱尾盘下滑"的盘口形态，标志着多空力量对比格局的转变。

买卖点判定

对于这种盘口形态来说，若尾盘阶段的下滑幅度较小，则由于空方力量释放不足，次日的早盘很可能低开低走，因而，投资者应在当日冲高时卖出股票；若次日出现明显低开，则表明股价方向已选择明确，早盘冲高时，应果断卖出。

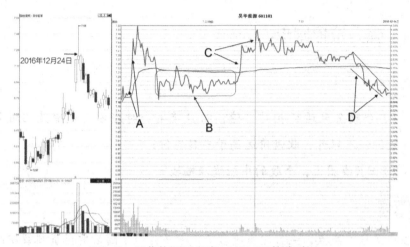

图7-7　昊华能源2016年12月14日的分时图

实战指南

结合图7-7作如下分析。

（1）A段走势延续了上一交易日的涨停板强势格局，出现了放量冲高。

（2）股价无法站稳于盘中高点，深幅回落后，长时间运行于均价线下方。这是多空力量的第一次转变——由强转弱。

（3）C段走势再度出现两波上扬，价格走势又开始呈强势格局。这是多空力量的第二次转变——由弱转强。

（4）最后的尾盘半小时，股价持续滑落，这是多空力量的第三次转变——由强转弱；收盘前也是短线卖出时机，此时的短线卖股信号较为明确。

> **小贴士**
>
> 在短线高点的盘口运行中，由于多空交锋激烈，往往在尾盘阶段才最终分出胜负，也决定了股价随后的运行方向。实盘中，投资者应更关注多空交锋的结果，因为它决定了股价的走向。

7.4 翘尾与浅水发射

7.4.1 强力拉抬尾盘

形态特征

（1）个股全天运行相对平稳，收盘前半小时左右（或者是临近收盘时），股价快速飙升，收盘价远高于当日均价；

（2）日K线图上，个股的中短线涨幅较大。

形态解读

在中短线的高点，主力运作收盘价，大多是为了随后的出货预留空间，即使个股当日的上涨使得其呈突破状，但真实的拉升行为只有很少一部分出现在尾盘阶段。再结合个股的前期涨幅较大、上空间收窄，我们可以判断强力拉抬尾盘的行为是一个反转下跌信号。

如图7-8所示，在建艺集团2016年11月23日的分时图中，尾盘阶段出现了快速上升，收盘价明显高于当日均价。这就是强力拉抬尾盘的盘口形态。

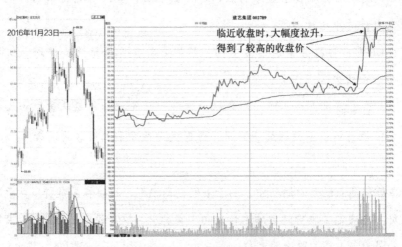

图7-8 建艺集团2016年11月23日的分时图

买卖点判定

尾盘拉抬幅度较大，次日早盘阶段大多会明显弱势运行，成交价接近于上一交易日的均价。拉抬尾盘的当日就是最好的逢高卖出时机。

实战指南

结合图7-8作如下分析。

（1）该股的尾盘上涨了5%左右，收盘价远离当日均价。

（2）日K线图上，该股中短线涨幅较大，虽然当日的上涨使得个股呈突破状，但尾盘拉抬是一个明显的诱多出货信号。操作中，投资应于收盘前卖出股票。

小贴士

尾盘拉抬的幅度越大，则往往次日早盘的回落幅度越大。操作中，投资者把握好收盘前的第一卖出时机显得至关重要。

7.4.2 盘中低点浅水发射

形态特征

（1）盘中走势处于下跌状态，分时线运行于均价线下方。

（2）盘中一波快速上扬，使得股价直线飙升，且幅度大，飙升时有连续性的量能放大。

（3）股价自盘中高点开始回落，直至收盘，跌幅较大，且均价线无力支撑。

形态解读

这种盘口形态多是主力在盘中快速拉抬，且拉抬时往往边出货边制造放量上涨的盘口形态，意在为盘中出货制造空间。随后长时间的回落、均价线无支撑作用，都是因主力出货、市场抛售双重抛压所致。

如图7-9所示，在鲁抗医药2016年12月1日的分时图中，A、B、C三段走势共同构成了盘中低点浅水发射形态。

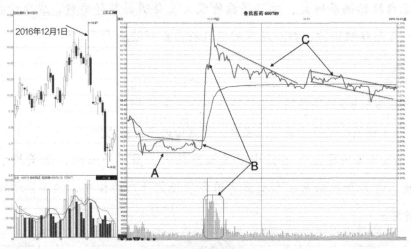

图7-9 鲁抗医药2016年12月1日的分时图

买卖点判定

当这种盘口形态出现后，表明主力的出货行为在加快，也预示着中短线下跌行情的开启。操作中，浅水发射时的冲高点是最佳卖出时机；随后的大幅回落走势中，投资者应逢盘中反弹时卖出股票。

实战指南

结合图7-9作如下分析。

（1）除掉B段的快速边出货边拉抬波段，A段、C段走势均呈弱势下跌状。A段、C段才是主力市场行为——出货的真实体现。

（2）B段的拉升短促、放量明显。这正是边出货边拉抬时的典型盘口形态。

（3）综合分析，操作上，当日收盘前应卖股离场。

由于在盘中拉抬时，多半有主力大单出货，所以从日 K 线图上可以反映出明显的放量。这也是我们判断这种形态为卖出信号的一个线索。

7.5 高风险盘口形态两则

7.5.1 心电图式突击放量

形态特征

（1）盘中长时间段的运行中，整体呈横向运行，期间股价上下波动极为迅急，犹如"心电图"波动形态。

（2）委卖盘中大单不时挂出，然后被打掉，大单成交频繁。

（3）当日的成交量明显放大。

形态解读

这种盘口形态显然不是市场正常交投所致。结合A股市场表现来看，这是中短线主力制造频繁大单交易的"做多"氛围，以此迷惑市场，进而进行快速出货时的一种惯用手法。特别是在操盘手法较为凶狠的短线主力控盘时，此种盘口形态经常出现。

如图7-10所示，在维格娜丝2017年4月5的分时图中，该股股价在盘中的运行整体呈横向，但其频率的上下跳动。这就是"心电图式突击放量"的盘口形态。

买卖点判定

这种盘口形态彰显了主力短期内的急切出货心态。个股的盘中走势完全呈现出"人为扭曲"状。从众多出现过这种盘口形态的个股来看，它是暴跌行情来临的一个明显信号。相应个股在随后几日内极有可能出现"雪崩"式的坍塌。操作中，投资者应在识别出这种盘口形态当日即卖出离场。

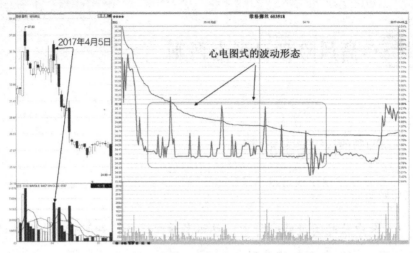

图7-10　维格娜丝2017年4月5日的分时图

实战指南

结合图7-10作如下分析。

（1）当日小幅高开后迅即跳水，于盘中低点呈"心电图"式跳动，期间放量明显。这是主力突击放量出货的手法。

（2）该股正处于高位盘整区间，当日的这一盘口形态预示着破位走势将展开，应第一时间卖股离场。

> **小贴士**
>
> 除心电图式的盘口波动形态外，与之相似的盘中的"一"字水平线式运行，同样伴以突击放量，两者的市场含义相近，都预示了短线暴跌走势的展开。

7.5.2　盘口刻意放量拉升

形态特征

（1）盘中飙升幅度不大，但量能大幅放出，且在盘中高点呈小幅度上下跳动状态。

（2）上扬波段及盘中高点处的量能放大有着间断性，且忽大忽小。

（3）日K线图上，当日收出中小阳线，放出巨量。

形态解读

这是主力在盘口拉升时采用了刻意放量拉升的操作所导致的，意在吸引市场跟风盘，从日K线图上看，个股有突破倾向。如图7-11所示，盛洋科技2017年3月21日的分时图中标注了刻意放量拉升的盘口形态。

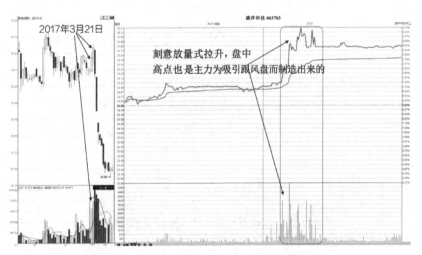

图7-11　盛洋科技2017年3月21日的分时图

买卖点判定

盘中的刻意放量拉升形态常出现在主力大举出货时，盘口快速上涨，伴以放量，让投资者以为相关个股放量突破。这种盘口形态常常出现在盘整走势后期，是"假突破、真破位"的信号。操作中，投资者应及时卖出离场。

实战指南

仍以盛洋科技为例，此股除了在2017年3月21日出现了这种盘口刻意拉升的形态外，次日又再度出现。

（1）如图7-12所示，在盛洋科技2017年3月22日的分时图中，A、B、C三段走势中的股价只是小幅度的波动，但成交量却呈突然放大状。这正是主力刻意放量的结果。

（2）结合上一交易日有相同的盘口特征，我们可以判断出主力的出货行为在加速，而且距离该股破位下行的时间越来越近。

（3）操作上，投资者应于当日及时卖出，以规避暴跌风险。

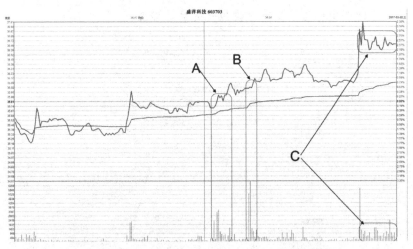

图7-12　盛洋科技2017年3月22日的分时图

小贴士

　　盘口刻意拉升使得日K线图往往呈放量突破状态，但若仔细观察就会发现，这些交易日的放量幅度过大，已经远超出了市场的正常抛压范围。这是日K线图为我们提示的主力出货行为的线索。

7.5.3　盘中闪崩冲板

形态特征

（1）同期大盘走势较弱，大部分股票处于普跌状态。

（2）个股处于中线上的高点，近期走势有较强的抗跌性。

（3）某个交易日的盘中（或开盘之后），在涨跌幅较小的情形下，股价突然向跌停板下砸。这就是闪崩，且并没有利空消息。

形态解读

"闪崩"是2017年股市弱势运行下的一种常见情形,很多抗跌股出现了这种走势。究其根源,是因为股价虚高、大市较弱,因个股有较大的价值回归空间。前期因主力护盘等因素虽没有随大盘下跌,但主力的护盘行为毕竟只是短暂的,逆市护盘只会让主力亏损惨重。因此,闪崩走势的出现可以视作个股"补跌"的一个过程。

如图7-13所示,在国发股份2017年4月27日的分时图中,早盘开盘之后,该股只是小幅下跌,运行相对平稳。但是,随后却出现了快速奔向跌停板的异动。这就是盘口闪崩,预示着短线暴跌行情的开启。

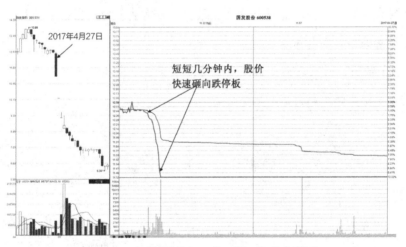

图7-13 国发股份2017年4月27日的分时图

买卖点判定

盘口闪崩是一种极端的"补跌"走势。在闪崩之后的几日内,即使个股没有利空消息,但由于补跌空间巨大,往往会出现连续一字跌停板。因此,当闪崩形态出现后,与其说是把握卖出时机,不如说是最后的逃命点,而这个逃命点就是闪崩形态出现当日。

换个角度来看,在市场弱势运行格局下,或我们手中个股相对抗跌,而股价估值又较高,这样的个股是极有可能随着弱势格局的运行而出现闪

崩的。因此，提前离场是最佳选择。

实战指南

结合图7-13作如下分析。

（1）上证指数在2017年4月27日之前出现了深幅下跌，如图7-14所示，此轮下跌使得中小盘个股普遍跌幅巨大。

（2）国发股份在2017年4月27日之前日线上一直处于高位的窄幅整理之中，并没有随大盘同步下跌。正是在这种情形下，此股于当日盘中出现了闪崩形态。

（3）实盘操作中，基于国发股份的抗跌及同期大盘的大幅下跌，使得此股出现了巨大的补跌空间。此时，即使该股盘口没有明显的卖出信号，我们也应本着规避风险的原则卖股离场。

（4）其实，同期的很多抗跌个股都陆续在盘中出现了闪崩走势，闪崩之后的运行，多以大幅下跌为主。

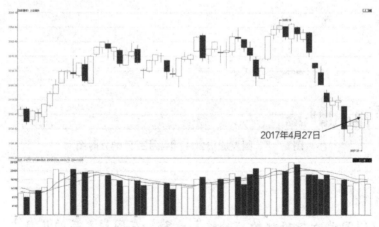

图7-14　上证指数2017年2月至4月的走势图

小贴士

个股可以短期内逆大市运行，但从中线的角度来看，若没有稳健上扬的市场配合，个股是很难站稳于高位区的，而这类个股一旦开始补跌，其速度之快、幅度之大，往往超出我们的预期。

第8章

涨停分时中的买卖点

分析主力市场行为的方法多种多样，涨停板无疑是一个很好的切入点，因为，就绝大多数情形来说，能够让个股涨停的力量绝非源于操作无序的散户。涨停板是投资者发现主力行踪的窗口，其缩小了投资者的选股范围，而且很多主力在拉升个股时，是以涨停板为启动标志的。本章中，我们以涨停板分时图形态为核心，分析如何利用这些具有典型特征的涨停分时图把握买卖时机。

8.1 涨停封板抢入技术

牢牢封板的个股，其短线冲击力也往往极为强劲，成为攻强势上攻行情的导火索，特别是那些早盘封牢涨停板的个股，次日多会大幅高开。因此，若能在个股上冲涨停板时作出准确预判，并及时抢板买入，短线的追涨利润将极为可观。本节将介绍几种成功抢板的关键技术要素。

8.1.1 抢板时触发准备单

所谓"准备单"并不是真正挂出去的单子，在抢涨停板交易中，可以将其理解为提前作好买入准备，但并不是真正的挂出委托买单。当我们需要买入时，只需单击最后一个"确认"按钮时，就可以成功地发出委托指令。

例如，当一只股票强势上冲，或者是离涨停板较近时，在未封板之前，我们可以提前输入买入价格（多是涨停板价格）、买入数量，最后，当大单扫盘个股将要封板时，我们只需单击"确定"这一个动作就可以触发这个准备单，从而在最短的时间内发出抢板指令。

个股最终是否会冲击涨停板，并不是我们提前能够准确判断的，否则的话，提前买入的成本价不是更低么？何需抢板入场。可以说，在进行准备时，如果个股在涨停板价位上的卖盘数量过多、致使买盘在上冲至涨停板价位时无力快速打掉这些卖单，我们就会在最后一刻放弃买入。

8.1.2　10:30前抢板入场

封板之后是否能够牢牢封住不开板，是抢板的核心要素，但是，在抢板入场后，这个不是我们能准确预判的。因此，我们只能从已知的角度把握强势板。一般来说，封板时间越早，短线上攻力度越强。

抢涨停板的一个关键就是时间因素，实力强大的主力一般会选择在早盘阶段拉升、封板。10:30之前出现的涨停板其短线攻击力较强，次日高开的幅度往往也较大。而午盘之后，特别是尾盘阶段才封板的品种，次日高开幅度较小，不适宜抢板买入。

8.1.3　第一板风险最小

涨停板是个股强势启动的信号，一些短线强势股往往是以连续涨停板的形态出现的，但这样的个股毕竟是少数，很多个股在连续两个涨停板之后、甚至是一个涨停板之后，就出现了上涨乏力的情况。

除此之外，还有一些旨在吸引跟风盘、意在出货的涨停板。但即使如此，这些涨停股在首个涨停板出现之后的一两个交易日也不会表现太差。如果我们在个股近期内的第一个涨停板介入的话，将可以大大降低短线追涨的风险。

8.1.4　股本、消息题材配合

涨停板的短期强势上涨源于资金推动，如若个股的总股本过大，那就意味着主力难以有足够实力控盘，在个股上涨时的多空分化也会异常激烈。一般来说，小盘股封板成功率更高，反之，那些总股本规模较大的个股，往往很难一次封板成功，这类个股不宜抢板入场。

题材是国内股市催生黑马股的重要因素。有题材助阵，即使个股业绩平平，也能够一飞冲天，没有题材，则难免成为受人冷落的弱势股。热点题材是支撑个股持续强势上涨的关键所在，若一只个股的短期上涨有热点题材支撑，则它短期上涨的势头与力度会更具潜力。这样的涨停个股也是我们应重点关注的对象。

一般来说，有题材支撑，特别是有热点题材支撑的涨停个股，往往预示着一波题材行情的出现。出击这类涨停板，投资者的短线风险小、潜在收益大。而那些没有题材支撑的涨停股，虽也有短线突破行情出现，但其短期内的上涨势头往往不如题材股来得那么猛。

个股的强势运行离不开良好的大盘环境，因此，观察股市的趋势运行情况是第一步，也是至关重要的一步。一般来说，在上升趋势及盘整趋势中，都可以抢涨停板，而在下跌趋势，一般不宜抢涨停板。

8.1.5　涨停位置及盘中震幅

同样的市道，个股的走势却千差万别。观察个股的走势情况，也是我们抢涨停板的重要一步。一般来说，在个股累计涨幅不大的位置区，特别是长期盘整后的突破位置处，是抢涨停板的最好位置，因为这时的涨停板往往就是主力资金短期内强势拉升个股的信号。此时抢入，可以以最短的时间获取最高额的回报。这相当于买在了个股一波强势上涨走势的起涨点上。

反之，如果个股短期的涨幅已经较大，或者是前期累计涨幅巨大，这时所

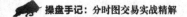

出现的涨停板更有可能是主力出货手法的体现，如果冒然抢板买入，风险会大于收益。

除此之外，盘中震幅也是一个关键要素：盘中震幅较大，则当日对多方力量的消耗也是较大的，封板成功率较低；反之，高开高走、顺势封板，则可有效借助于市场追涨力量，封板成功率也将大大提升。

小贴士

衡量一笔交易是否值得去做，有一个很重要的参考指标，这就是"风险与收益"的概率比。如果我们抢涨停板操作只是为了搏取个股短线的一波小反弹走势，或者是次日冲高后卖出，那么这就意味着我们在参与前就将置入了一个危险境地，因为我们的预判并不一定准确，一旦抢入之后，个股无法封牢涨停板，将会承担较大的短线风险。衡量抢板的"收益与风险"比时要分析趋势运行情况，以判断个股随后的上升空间是否充足。不同的趋势行情，抢板操作的风险也不同，比如在低位区间抢板介入，风险自然低得多。

8.2 强势板次日天量

8.2.1 次日盘中节节走弱型

形态特征

（1）个股在早盘10:30前快速上冲，封牢涨停板直至收盘。

（2）次日开盘后，惯性冲高，但随后开始震荡下滑，直至收盘。当日成交量巨幅放大，远远高于此前的均量水平。

形态解读

强势板代表着短线上攻行情的展开，但也可能是主力拉升出货的一种手法。个股次日于盘中的长时间震荡下跌，且放出天量，是资金大力出逃的信号，也预示着短线上攻行情的结束。

如图8-1所示，在美邦服饰2016年11月22日的分时图中，A段是高开后的强势运行，B段流畅上扬，封牢涨停板至收盘，这是一个强势型的涨停板；次日，如图8-2所示，开盘冲高后，就是全天的弱势震荡下跌，从日K线图可以看到，当日放出天量。

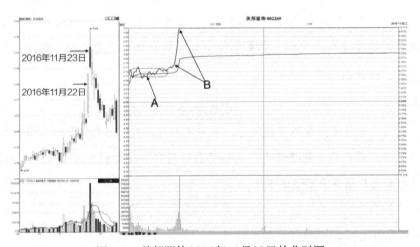

图8-1　美邦服饰2016年11月22日的分时图

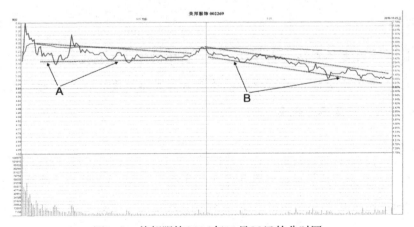

图8-2　美邦服饰2016年11月22日的分时图

买卖点判定

这种盘口形态是短线上攻走势见顶的信号。短线操作上，可以结合同期的大盘运行，采取两种方法卖出：一是，若同期大盘运行平稳，则涨停板次日应盘中减仓，次日若不能高开高走、向上突破，则应及时清仓离场；二是，若同期大盘走势较弱，则宜在涨停板次日清仓离场。

实战指南

结合图8-2作如下分析。

（1）A段走势一直位于均价线下方，说明空方力量占据主动。

（2）午盘之后，股价开始震荡下滑，表明主力当日无意再度拉升。此时，投资者可以减仓离场；次日，如果个股没有强势上冲、收复失地，则投资者应逢盘中冲高、清仓离场了。

> **小贴士**
>
> 成交量来自于买卖双方的交易，涨停板次日，股价自然位于短线涨幅较大的位置点。若个股不能延续之前的强势盘口特征，就会引发大量获利盘离场，短线走势上，极易出现快速下跌。

8.2.2　次日盘中先弱后强型

形态特征

（1）个股在早盘10:30前快速上冲，封牢涨停板直至收盘。

（2）次日开盘后，惯性冲高，随后开始震荡下滑，但在午盘之后，盘口走势转强，震荡攀升收盘。

形态解读

与上一形态"强势板次日盘中节节走弱型"不同，此形态中的盘口走势有转强倾向。结合强势板的上攻信息来看，只要个股中短线涨幅不是很大，这就预示着主力仍有意做多个股，短线调整（或整理）之后，或可迎来新一波上涨行情。

　　如图8-3所示，在和顺电气2016年3月18日的分时图中，这是一个高开后快速封板的强势型涨停分时图。图8-4为此股2016年3月21日的分时图，A段走势为弱势震荡下跌，但午盘后的B段走势明显转强。

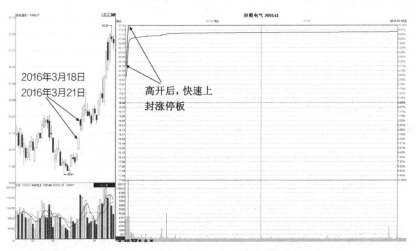

图8-3　和顺电气2016年3月18日的分时图

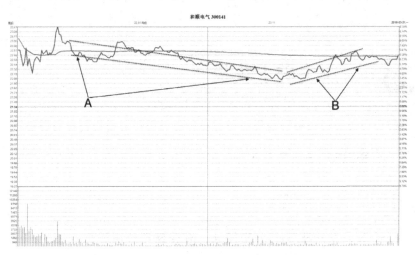

图8-4　和顺电气2016年3月21日的分时图

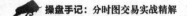

买卖点判定

强势板股票次日在盘中出现了由弱转强的走势过程，表明个股短线仍有上攻动力。本着规避风险的原则，投资者在操作上，可以采取分批卖出的策略：当日收盘时，先少量减掉小部分仓位；次日及随后几日，若个股能再度以涨停板的方式强势上攻，则可持有，反之则陆续减仓，以规避短线高点的调整走势。等个股短线企稳之后，再择机入场。

实战指南

结合图8-4作如下分析。

（1）A段走势呈弱势下跌态势，B段走势则明显震荡走强。这是多方力量开始转强的信号。

（2）当日放量效果只是之前均量的3倍左右，资金出逃不明显。

（3）短线操作中，个股有望再度上攻。投资者可以继续持有此股。

> **小贴士**
>
> 涨停次日的放量幅度是一个关键因素，如果形成了单突兀式的巨量，则大多预示着短线见顶；反之，如果量能放大效果能持续下去，则短线有望再度上攻。

8.3 二次突破上攻板

8.3.1 早盘飙升封板

形态特征

（1）个股此前出现了一个涨停板，随后数日回调整理。

（2）再度出现涨停板，使得个股呈突破上攻态势。

（3）当日的涨停板呈现为早盘快速飙升、强势封板形态。

形态解读

二次出现的早盘强势封板，代表着主力的强烈拉升行为，也预示着新一轮上攻行情的展开。而此前出现的第一个涨停板因引发了多空分歧，短线上有回落调整、清理浮筹的需要，二次出现的涨停板也是清理浮筹完毕、行情启动的信号。

如图8-5所示，在韩建河山2016年9月7日的分时图中，此股在2016年8月24日涨停突破后，在之后的交易日中出现在了较大幅度回调，然后于2016年9月7日再度出现涨停板，且是早盘快速飙升的强势封板形态。这就是一个早盘飙升封板的二度突破上攻板形态。

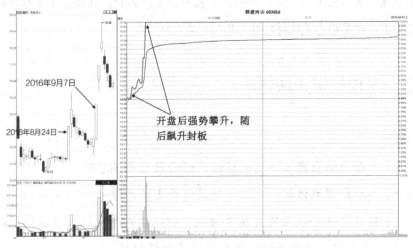

图8-5 韩建河山2016年9月7日的分时图

买卖点判定

在实时盘口，当我们发现此类个股时，从K线图可以看到其之前出现的涨停板突破及回落。此时的早盘冲板、再度以涨停方式向上突破的成功率较大，应做好抢板买入的准备。在涨停价位上，一旦出现大单连续买入，且力度强大，则可适当抢板入场。

实战指南

结合图8-5作如下分析。

（1）之前2016年8月24日的涨停板出现在低位盘整之后，因此，该涨停板是主力做多的较为可靠的信号，可视为首次低位突破。随后的回调整理，更宜看作是短暂的清理浮筹行为。

（2）2016年9月7日早盘逐波上扬，非常强势，随后开始向上飙升并冲击涨停板，冲板时的量能放大充分，大买单连续入场。此时，投资者可以抢板买入。

> 小贴士
>
> 二次突破时的上攻启动板，特别是早盘飙升、冲击涨停板形态，其封板成功率很高，因为已有之前的一个涨停板提前准备。因此，在大盘走势相对稳健的情形下，此类形态是值得抢板入场的优秀品种。

8.3.2 温和放量无法封牢

形态特征

（1）个股此前出现了一次涨停板，随后数日回调整理。

（2）再度出现涨停板，使得个股呈突破上攻态势。

（3）当日的涨停板呈现为盘中封板，但无法封牢，股价在涨停板附近运行，或者是多次小幅度开板，至收盘前才勉强封板。

（4）虽然在盘中高点长时间无法封牢涨停板，但当日的量能未见大幅放出，仅仅是温和式的小幅度放量。

形态解读

二次突破的上攻板，股价已创出了近阶段新高，中短线获利盘较大，无法封牢的涨停板势必引发强烈的多空分歧，但个股当日仅仅是温和放量。这说明经历了之前的涨停及回落波段后，个股筹码的锁定度更高了。这是主力利用此前涨停板进行吸筹的标志。这个温和放量的二次突破上攻板可以看作是强势主力新一轮拉升行为的发起的信号，预示着上攻行情的来临。

如图8-6所示，在贵研铂业2016年6月15日的分时图中，此股在2016年6月1日涨停突破后，经历了小幅度回调，然后于2016年6月15日再度出现涨停板。当日早盘股价持续上扬，于盘中高点顺势封板，但无法封牢，收盘前才封住涨停板。这就是一个"温和放量但无法封牢型"的二度突破上攻板形态。

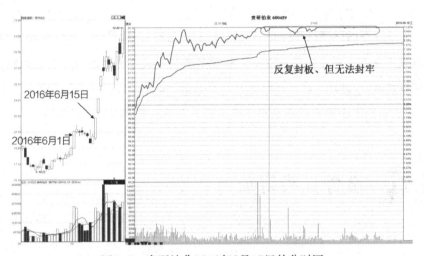

图8-6　贵研铂业2016年6月15日的分时图

买卖点判定

二度出现的涨停板，一般来说，若代表着主力的拉升行为，其随后出现回调的概率较小。因此，在结合当日量能温和放大的情形下，在盘中高点（个股在盘中高点强势运行，可以预测到其将会顺势封板），或是涨停板附近，投资者可以追涨买入。

实战指南

结合图8-6作如下分析。

（1）当日该股盘中走势十分强势，早盘在盘中高点处，可以看到股价缓慢、有力地向上攀升，几乎没有任何回落。这说明主力牢牢控制了盘面，市场抛压很轻。

（2）午盘之后，虽然该股无法封牢涨停板，但这仅仅是因为主力未使用大单封牢该股。结合此时的量能仅仅是温和放大来看，这可以看作是拉升前的一次盘口清理浮筹的行为：利用涨停板无法封牢的形态，洗掉那些不坚定的获利浮筹。

（3）做出以上分析后，追涨买入就是一个明智的策略。

小贴士

无法封牢的涨停板势必会引发较强的多空分歧，但温和式的放量却表明多空分歧不明显，两者形态相叠加，体现的市场含义就是"主力资金势力较强，手中筹码多"。因此，当这种组合形态出现时，可以看作是一个上涨信号。

8.4 涨停式吸筹放量

8.4.1 反转式第二板放量

形态特征

（1）个股短线跌幅较大，因利好消息或题材刺激，先于低点出现了缩量涨停板。

（2）次日，个股高开高走，但在盘中高点停留时间较长，午盘后才最终封板。

（3）当日出现了明显的放量，量能放大幅度是此前均量的3倍以上。

形态解读

反转点的第二板，个股短线已经涨幅较大，大幅放量也表明多空分歧明显。此时，个股是反弹结束、下跌开始，还是整理后继续上攻，难以判断。这取决于主力的随后市场行为。操作上，投资者可以结合个股走势来判断：如果个股能够在此短线高点强势震荡不回落，且表明有资金积极运作，后市可看高一层；反之，则宜放弃。

沧州明珠发布如下公告后，引发强力买盘。

"2016年3月1日公告，公司预计2016年1～3月净利润比上年同期增长200%～250%，净利润9 394.50万元～10 960.25万元(上年同期净利润3 131.50万元)。业绩增长的主要原因是BOPA薄膜产品和锂离子电池隔膜产品实现的利润增加。新增产能已得到有效释放，因此2016年一季度的锂离子电池隔膜产品的产销量较2015年一季度有较大幅度的增长。"

上述公告表明沧州明珠业绩的增长源于主营业务的发力。这是具有持续性的利好公告。如图8-7所示，该股于2016年3月1日出现缩量涨停、次日放量涨停板，正是对这一利好消息的回应。而此股于2016年3月2日的放量涨停正是我们在此讲到的"反转式第二板放量"。

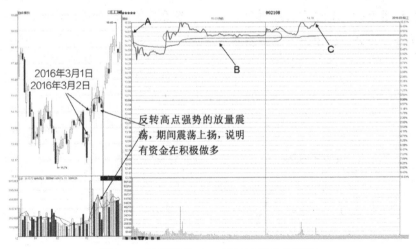

图8-7　沧州明珠2016年3月2日的分时图

买卖点判定

反转第二板出现了放量，说明此点位处的多空分歧较大，而个股此时的短线涨幅较大，因而不宜马上追涨入场。投资者应多观察几日，观察是否有资金在这个短线高点积极承接，以此再决定买入或卖出。

实战指南

结合图8-7作如下分析。

（1）两个涨停板的反转源于业绩的强势增长，且业绩增长预期较好，因而，股价反转上行有支撑。

（2）当日大幅度高开（A点所示），随后于盘中强势运行，在图中B段走势中，可以看到股价稳稳运行于均价线上方，未出现回落。这说明资金在盘中高点积极承接。午盘之后，在C点处顺势封板。

（3）但由于当日量能放大较为明显，且短线反转幅度已达20%，因此，投资者不宜当日追涨买入。

（4）图8-8中标示了此股2016年1月至5月的日K线走势，可以看到，反转第二板之后，股价强势震荡整理不回落。这说明资金在积极承接。如图中标注，当股价回落至3月2日收盘价附近时，且此时缩量明显，这就是短线回踩后获得支撑的点位，也是我们买股入场的时机。

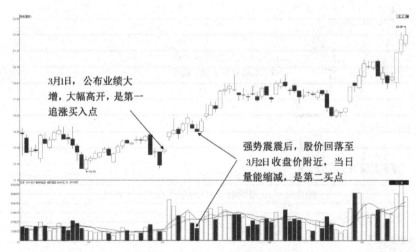

图8-8　沧州明珠2016年1月至5月的日K线走势图

小贴士

除了关注技术形态外，还要关注引发反转的因素。一般来说，题材面引发的反转其持续性不强，追涨时风险更大，应严格控制仓位参与；而业绩持续释放引发的反转，则能支撑股价的反转上攻，持续性较强，追涨时的风险也相对较小。

8.4.2　空中加油红三兵

形态特征

（1）个股因利好驱动或题材炒作，出现了无量一字板的涨停上攻。

（2）开板之后，于短线高点接连出现三根中小阳线，使得股价重心再度上扬。这是红三兵组合形态。

（3）这三个交易日的量能放大较为充分。

形态解读

无量一字板后，个股股价进入多空分歧激烈的区域。此时出现了放量红三兵形态，表明有大资金在这个短线高点积极承接，且短线做多意愿较强。这可以看作是个股飙升途中的一次短暂的"空中加油"，预示了随后仍有不错的上涨空间，是短线继续看涨的信号。

如图8-9所示，在浙江东方2016年7月4日的分时图中，该股连续3日收于无量一字板，随后则是放量红三兵的组合。这种形态就是涨停板高点的一次"空中加油"。

买卖点判定

无量一字板，伴以放量红三兵，个股在短线飙升过程中没有任何回调，也体现了主力一气呵成的拉升方式。因此，对于这类短线飙升股，追涨是一种可行方法，虽然伴有一定的短线被套风险，但只要控制好仓位，是可以做到短线预期收益大大高于潜在风险的。

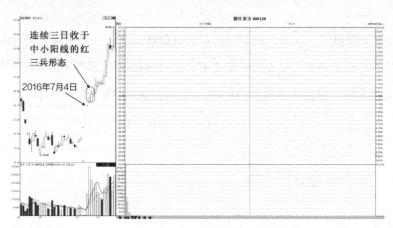

连续三日收于中小阳线的红三兵形态

2016年7月4日

图8-9　浙江东方2016年7月4日的分时图

实战指南

结合图8-9作如下分析。

（1）该股的短线飙升显然是获得了主力资金的大力炒作，完全激活了该股的走势。

（2）连续无量一字板后的放量红三兵形态，表明该股在短线高点拒绝回调，短暂的空中加油后，有望展开新一轮上攻。

（3）基于个股短线涨幅已经较大，操作上，投资者在追涨时应控制好仓位，并设定好止损价位，一旦发现股价走势滞涨，则要果断卖出，以规避风险。

小贴士

对于这种强势飙升形态，投资者采取的策略也是相对激进的追涨，而追涨的风险总是要更高一些。这时严格控制仓位就显得十分必要了。

8.5 翘尾封板

8.5.1 短期高点翘尾封板

形态特征

（1）个股的短线涨幅较大。

（2）当日盘中运行相对平稳，多处于上涨状态，但在收盘前却出了快速飙升、最终封板的形态。

形态解读

握有大量筹码对股价处于支配地位的强主力在真正拉升个股时，很少选择在尾盘运作，而拉尾盘、运作收盘价的手法常见于主力出货时。因此，结合个股短线涨幅较大这一事实来看，尾盘的翘尾封板是主力展开出货的信号，预示着短线上攻走势的结束、股价走势的反转。

如图8-10所示，在山东海化2017年1月6日的分时图中，该股当日盘口走势较强，但在午盘后，股价开始震荡走低。这是空方力量开始占优的信号。尾盘一改常态，股价大幅飙升，最终以涨停价报收。日K线图上，个股的短线涨幅极大。这就是"短期高点翘尾封板"的组合形态。

买卖点判定

短期高点一旦出现了翘尾封板，则次日往往低开，而且，翘尾的幅度越大，则次日低开的幅度也往往越大。因此，当日翘尾封板时就是最佳的短线逢高出逃时机。

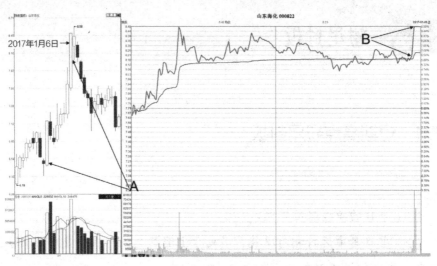

图8-10　山东海化2017年1月6日的分时图

实战指南

结合图8-10作如下分析。

（1）从左侧日K线图可见，个股的短线涨幅较大，当日处于短线高点。

（2）当日早盘强势上涨，但午盘之后开始转弱，收盘前的翘尾幅度较大，接近4%，从而使得收盘价远离了当日的均价。

（3）结合个股的短线运行特征及翘尾封板的市场含义，这可以看作是主力在此高点有意出货的信号。操作中，投资者应及时卖出股票。

小贴士

翘尾封板仅仅是主力运作收盘价的一种特殊形态。也有一些个股，在收盘前出现了快速上涨，但并没有封板，其市场含义与翘尾封板是基本一样的。一般来说，只要出现在短线涨幅较大的位置点，就可以视作主力短线出货的信号，预示着回落走势的展开。

8.5.2 强势盘口顺势封板

形态特征

（1）个股短线涨幅较小，当日大多处于整理之后的突破位置点。

（2）当日盘口走势较强势，午盘之后一直于盘高点运行。均价线有较强的支撑作用。

（3）收盘前的一段时间，在大盘走势稳健的背景下，股价顺势上涨，幅度不大，但成功封板。

形态解读

强势盘口中的顺势封板是在股价离涨停价较近的位置点出现的，可以看作是多方力量的进一步释放。当这种盘口形态出现在日K线图上具有突破位置意义的点位时，它是一个较为明确的做多信号，也是主力有意拉升的信号，预示着一波上攻行情即将展开。操作中，投资者应看多做多。

如图8-11所示，在盛洋科技2016年5月16日的分时图中，早盘阶段，此股强势上涨，在盘中高点一直强势运行至收盘前一段时间，之后股价再度小幅上扬并封板。这就是强势盘口下的顺势封板。

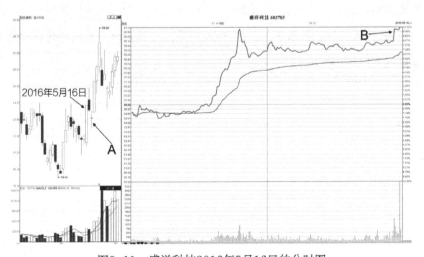

图8-11　盛洋科技2016年5月16日的分时图

买卖点判定

强势盘口下的尾盘顺势封板，虽然体现了当日做多力量的前后一致性，但尾盘封板毕竟是实力较弱的主力在结合大盘走势基础上采取的一种拉升手段。尾盘封板一般会引发次日的多空分歧加剧，因此，在把握买点时，投资者应在随后一两日逢盘中震荡回调时介入。这样既可以规避诱多陷阱，也可以进一步观察空方抛压的轻重。

实战指南

结合图8-11作如下分析。

（1）当日的涨停板是该股震荡上扬过程的第二次涨停，且出现在短线回调低点，因而，从日K线形态来看，这是新一波上攻走势出现的信号。

（2）该股当日的盘口走势中然很强，早盘飙升幅度大，盘口运行稳健，但尾盘的顺势封板，结合当日盘中较大的震幅，势必会引发加剧多空分歧，引发获利盘离场。因此，短线操作上，追涨并不是最明智的策略。投资者应等待短线调整时，再加仓入场。

小贴士

顺势封板，特别是短期内的第二次出现涨停板时，相应个股的上攻势头已经较为清晰，虽然短线大多有调整，但调整幅度一般很小、回调时间也往往极为短暂。在大盘稳健的情形下，当股价短线回落至顺势封板当日的均价线附近时，投资者就可以择机入场了。

第 9 章

构建分时图交易系统

成功的交易者，除了掌握必要的知识、技能、经验之外，还要将它们综合运用起来，并形成一个适合于自己风格的交易系统。失败的方式往往千差万别，但成功的经验似乎存在着明显的共性。本章将结合相关实战经验，介绍短线分时交易中的一些要点、策略，以帮助读者构建自己的分时交易系统。

9.1 四级确认的选股方案

选股并不是单纯、孤立的选择股票，再好的股票，业绩增长持续性再强，若不能在好的时机入场，最终结果也只能是亏损。为了把握正确的选股方法，投资者需要兼顾4个方面：趋势、波段、分时、业绩题材。本节中，我们就逐一盘点这4个要素。

9.1.1 一看趋势方向

"趋势"是技术分析领域中的核心内容，正确地把握住了趋势运行情况，我们就可以以一种宏观的角度来审视价格的走向，而不必过分拘泥于价格的短期波动，从而实现轻松获利。这就是顺势而为的操盘之道。

如图9-1所示，在中百集团2016年1月至2017年2月的走势图中，以股价整体波动过程中每日"均价"为点进行连接，就可以大致看清趋势的走向。如图9-1中标注，在所标注的位置点，虽然股价上窜下跳，但可以画一条倾斜向上的"均价线"，其代表着趋势的方向。

此时的个股正处于暴跌之后的低点，也是估值低点。这时可以画出一条向上倾斜的均价线，其代表着上升趋势形成并延续下去的可能性极大。实盘中，在得出这一判断后，投资者就可以把握住回调时低价买入，并耐心持有，期间并不必过于关注短线波动及盘口分时。

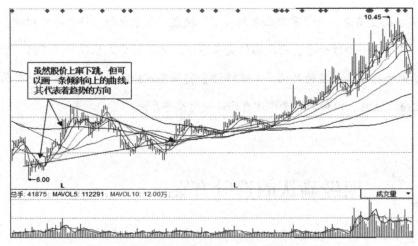

图9-1　中百集团2016年1月至2017年2月的走势图

可以说，在趋势相对明朗的情形下，分时图交易方法显得不是那么重要，但是，由于A股市场的多变性，显而易见的升势并不常见，在大多数时候，投资者仍要依赖于分时技术能力以搏取短线利润。

9.1.2　二看波段运行

大的升势或跌势并不常见，股市及个股常以"波动"的方式不断前行。在难以判断趋势的情况下，投资者就应着眼于"波段"这个相对较小的级别。波段回调后的低点，是买入时机；波段上涨后的高点，是卖出时机。当然，若能结合分时图来把握波段高低点，则短线交易水平会更进一步提高。

如图9-2所示，在陕鼓动力2016年5月至9月的走势图中，该股的股价重心有缓步上移的趋势，说明多方力量总体占优，但由于当时的股票市场仍呈横向震荡之中，所以个股的这种上升趋势并不牢靠。操作中，投资者在图9-2中标注的回落低买入更为稳妥。因为从中线角度来看，个股维持升势的概率大；从短线角度来看，这是一个空方抛压释放较为充分的位置点。

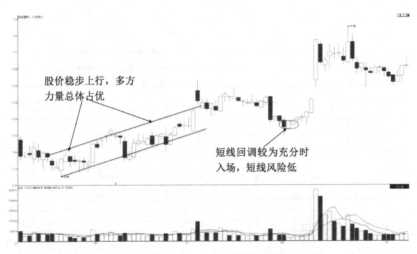

图9-2　陕鼓动力2016年5月至9月的走势图

9.1.3　三看分时形态

如果说波段高低点让我们选择时机，那么，分时图则让我们选择具体的个股。大盘指数的波动更易受大盘股的影响，获利空间狭窄，我们需要选择那些有潜力的个股。在结合个股短线波段高低点的背景下，"分时图"是决定是否选择一只个股的重要因素。

若一只个股出现了明显看涨的分时图形态，大多表明其获得了主力资金的运作，短线上攻力度更大；反之，当一只个股出现了明显看跌的分时图形态，预示着资金的出逃，短线的下跌力度也将更大。

如图9-3所示，国盛金控2016年12月2日的分时图中，该股在早盘强势上扬，午盘后节节走低。这是"放量过山车"的盘口形态。结合本书前文中有关

"过山车"反转形态的讲解，我们知道，这是主力资金盘中反手出货的信号之一，预示着个股短期内将有下跌走势出现，是卖出信号。

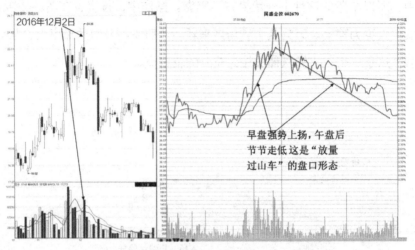

图9-3　国盛金控2016年12月2日的分时图

9.1.4　四看业绩题材

股市是一个对消息敏感的市场，一些看似并不是很重要、对企业当前业绩也没有影响的消息却能够触发市场神经，引发股价的大幅波动。如果不理解股市的这一特性，是很难展开短线交易的。而消息最终将以"题材"的方式呈现出来，因此，在参与短线交易时，还要关注个股的题材面，并弄清楚这一题材的可持续性：市场对于题材的追捧是昙花一现的，还是可以持续一段时间的？进而选择追涨买入，还是静观其变。

如图9-4所示，在天齐锂业2017年2月22日的分时图中，早盘阶段，该股放量飙升，非常强势，显然有主力资金在积极推升。日K线图上，股价突破低位盘整区，打开了上升空间。仅从日K线图与分时图的技术面要素来看，该股有上升空间，值得中短线买股入场。但是，对个股的中短线上涨空间如何预期呢？

如果能结合此股的新能源题材来分析，则可以得出更为准确的结论。当时市场中的新能源类题材备受关注，而且，这一题材符合政策面的导向，也是未来经济发展的重要方向之一，因此，这个题材是具有持续性的。实盘中，在把握住了短线买入点后，投资者不必急于获利了结，可以耐心持股、等待此股题材被市场充分挖掘、炒作，即股价真正实现飙升时再考虑卖出。

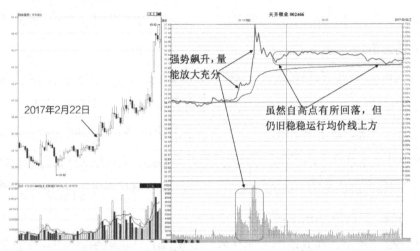

强势飙升，量能放大充分

虽然自高点有所回落，但仍旧稳稳运行均价线上方

2017年2月22日

图9-4 天齐锂业2017年2月22日的分时图

小贴士

大级别的升势并不常见，我国股市惯有着"牛短熊长"之格局，大部分的时间里，股市处于震荡缓跌走势中，想从长期持股中稳健获利，从概率角度来看，成功率很小。因此，投资者参与股市交易时，一定要懂得波段操作，特别是对于分时图的解读。这样才能选出强势股、跑赢大市，并实现资金的滚动升值。

9.2 短线交易方案

短线交易方案重在技术分析，特别是对于分时图形态的把握。除此之外，投资者也应结合大盘运行、题材面等因素加以分析。本节将结合案例来分析一些典型的短线交易方案。

9.2.1　追涨强势股

股票市场惯有着"强者恒强"的运行规律，特别是短线走势。就短线交易来说，"追涨强势股"是一个不错的方案。但是，有一点要注意，这种追涨操作更适宜于牛市或盘整市（也称为震荡市）。在快速度下跌的市道中，追涨的风险是极大的，不宜使用。

参与追涨操作，有很多方法，例如，涨停板突破启动、早盘分时线强势飙升启动、连续涨停后空中加油等。在实盘中，投资者在使用这些技术时，可以关注一下大盘的走势情况，如果同期的大盘在快速下跌通道中，则个股即使出现这些买入形态，也是不宜追涨介入的；但如果大盘走势尚算稳健，则可以大胆出击。下面我们介绍一个前面没有讲过的追涨技术形态，它将大盘走势与个股运行相比较，得出阶段性强势股，进而展开追涨操作。

如图9-5所示，在立讯精密2016年11月至2017年6月的走势图中叠加了同期的上证指数走势。对比图中标注的区域，可以发现，在大市震荡下行时，个股却在震荡盘升。这属于"逆市缓升"的形态。

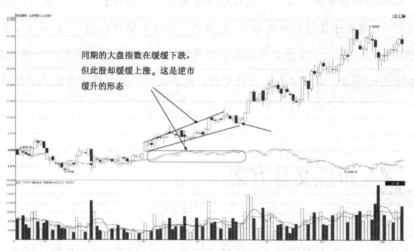

图9-5　立讯精密2016年11月至2017年6月的走势图

逆市缓升是指个股在某一段时间内的走势明显强于大盘,特别是在大盘震荡下跌的背景下,个股可以逆市缓升,股价重心缓缓上移。

逆市缓升的走势说明有主力在积极运作个股,一旦大盘走势趋稳,主力就极有可能快速拉升。对于这类个股,投资者可以在其启动之前事先布局,以分享主力资金的拉升成果。

9.2.2　参与题材龙头股

题材股是引发个股上涨的导火索,也是主力资金中短线青睐的品种。有题材的个股,主力在炒作时易引发市场的追涨热情,个股的上涨也有可能出现连续涨停的强劲飙升。

图9-6所示和图9-4分别为界龙实业2017年2月14日的分时图和外高桥2017年2月14日的分时图。两只个股在盘中同步启动、快速飙升,都与市场对于上海本地股的炒作有关。通过对比可见,界龙实业是这波题材炒作中的龙头股。实盘操作中,题材炒作下的龙头股短线涨幅往往表现不俗,是短线追涨买入的最佳品种。

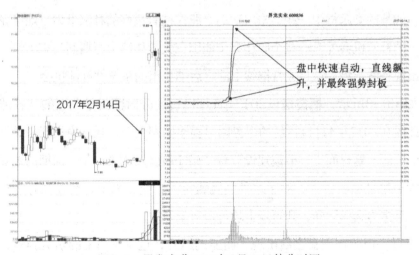

图9-6　界龙实业2017年2月14日的分时图

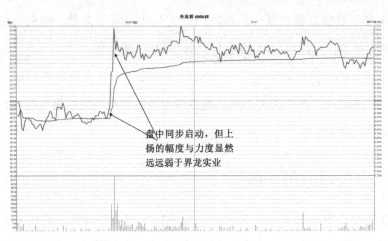

图9-7 外高桥2017年4月11日的分时图

9.2.3 补涨股启动（异动）时买入

良好的大市氛围给了个股表现的机会，但有一些个股表现常常出现"慢半拍"的情形。这些个股相对于大盘来说是滞涨股，但它们也蕴含了"补涨"机会。一旦因利好消息或题材炒作而展开上攻，其中短线上攻空间是极大的。

对于同类题材来说，市场的挖掘有一个过程，在龙头股的示范作用下，同板块，或是同类题材中一些仍未启动的个股往往有很好的补涨潜力。除了龙头股催生下的补涨机会外，一些个股还有可能因在大盘持续上行期间没有上涨，而于随后出现补涨走势。这是大盘持续上涨之后催生出的系统性补涨机会。

如图9-8所示，栖霞建设2017年4月11日的分时图就是典型的"补涨"形态。此股在2017年4月11日前的走势明显弱于同期大盘，且从中长期来看，该股处于低位区。题材面上，栖霞建设有着"雄安新区"概念，基于同期的雄安题材股已大多飙升幅度很大，对于这种同类题材的二类股来说，有着很好的补涨空间，一旦主力选择运作，则短线上攻行情有望开启。

当日，该股在午盘之后出现了明显的飙升，这是盘口上的明显异动，说明有资金在积极运作。结合个股题材上的补涨空间来看，此时，投资者可以积极地布局，等待主力拉升。

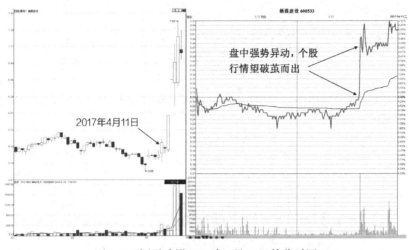

图9-8　栖霞建设2017年4月11日的分时图

　　那些没有随大盘同步上涨的个股，在后期就有着更好的补涨潜力，但一个前提条件是：这种补涨走势应是由主力发动的才行，否则的话，其补涨的幅度会很小，波段参与意义不大。因此，对于这类有补涨潜力的个股，只有当其出现了明显的启动信号（这代表主力有意拉升此股）时，我们才宜波段介入。

9.2.4　补跌信号出现时卖出

　　有"补涨"类型的个股，就有"补跌"类型的个股。当一只个股阶段性走势明显强于大盘时，这只个股可以看作是强势股，但强势股只是阶段性的强势股。如果大盘走势长期低迷不振，主力资金很有可能放弃运作个股，转而开始出货，则其补跌空间将是巨大的。

　　如图9-9所示，新黄埔2016年10月至2017年5月的走势图中叠加了同期的上证指数走势。在图中标注区域内，可以看到，在同期大盘震荡下滑之际，该股却逆市上扬，且累计涨幅较大，但在逆市上扬的高点却出现了一个宽幅震荡的放量大阴线，当日震幅极大、量能巨幅放出。这就是局部高点出现的一个明确反转信号。操作上，投资者应规避该股随后可能出现的补跌走势，及时卖股离场、锁定利润。

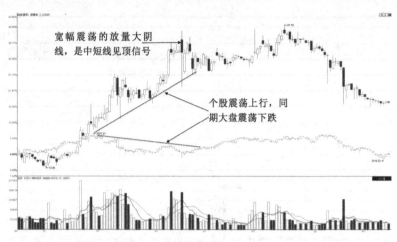

宽幅震荡的放量大阴
线，是中短线见顶信号

个股震荡上行，同
期大盘震荡下跌

图9-9　新黄埔2016年10月至2017年5月的走势图

9.2.5　中短期大涨30%卖出

30%是一个中短线遇到阻力较重的位置区。如果一只个股没有板块热点配合、没有热点题材支撑，那么，若其在短期内的飙升幅度近30%，则往往意味着它中短期内失去了上涨动力，此时，易出现深幅调整。因此，从中短线的角度来看，只要个股没有业绩的持续增长作为支撑，则中短线获利30%后卖出，特别是在股市处于震荡整理的情形下，是一个较为稳妥的交易方案。

从大多个股走势的经验来看，"短期飙升30%卖出"的这一操盘方案适用于各种市道，既可以是牛市，也可能是震荡市，还可以是熊市。在牛市中，个股波段飙升30%后，其股价远离了中长期均线，个股有再度向中长期均线靠拢的倾向；在震荡市中，个股经波段30%飙升后，达到箱体上沿，随后再度跌回箱体区的概率极大；在熊市中，个股经这一波30%的飙升后，将触及中长期均线MA60，而这一位置的阻力是极大的。

如图9-10所示，在法拉电子2016年12月至2017年4月的走势图中，个股先是缓慢上扬、随后加速上攻。这是一种"缓升之后的飙升"形态。

一般来说，从缓升走势中的突破点算起，至短线飙升后的高点，累计涨幅达到30%左右时，将遇到较大的阻力，既有短线获利抛压，也有前期套牢盘的解套抛压。此时，卖股离场是较为明智的选择。如果短线上仍然看好个股的上攻走势，则可以采取"倒金字塔式减仓法"来进行分批卖出（见9.4.4 倒金字塔式减仓法）。

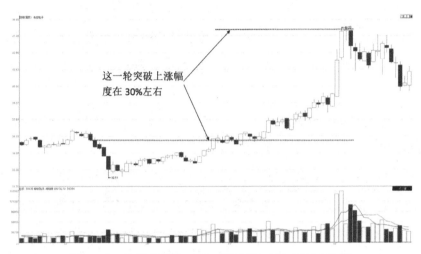

图9-10　法拉电子2016年12月至2017年4月的走势图

9.3 中线交易方案选择

短线交易要求投资者的时间、精力较为充裕，且短线技术分析能力较强，有较为敏锐的市场嗅觉，但是对于很多投资者来说，由于精力有限，是难以应对个股短期内的快速波动的。此时，我们不妨将投资的重点放在个股的中（长）线走势上。本节中，我们就来分析中（长）线的交易策略。

9.3.1　技术面与基本面配合

一只个股是否可以走出较为明朗持续的上升行情，大多是源于中长线主力的从中运作，而中长线主力在选取个股时，往往都会将个股是否有业绩支撑作为选股中的一个重要条件。毕竟从中长线的角度来说，股票市场仍是以"价值"为核心的。"价格向价值靠拢"既是经济学中的最基本原理，也是股票市场中任何形式炒作的最终根源。

那么，这种对于基本面的具体实施手段又是什么呢？我们可以从以下几点着手。

一是看估值，既要结合行业特性，也要结合股市及个股的历史估值情况。如果一只个股从历史走势来看，处于低估状态，则这样的个股中长线持有更安全。

二是看上市公司的发展潜力，上市公司的发展潜力既取决于行业的发展前景，也取决于上市公司的自身能力。

三是看上市公司的重大投资事项，有些上市公司很可能在某一领域内投入了大量的资金，但这些投入并不会马上转化为本公司的利润，能否正确地分析出这些重大投资事项将直接关系到我们能否把后握住个股的中长线机会。

对于技术面来说，我们应重点关注股市的整体运行趋势。当股市处于持续的下跌走势中，或是高位区的盘整走势中时，则投资者不宜做中长线布局；反之，股市处于明显的低位区或是上升行情的初期时，才是投资者的布局时机，此时买入，风险最小，且潜在的获利回报则最高。

9.3.2　回调后买入

当我们发现个股的走势呈总体震荡上行形态而大盘走势也很稳健时，逢个股短期回调之际买入是一种较为理想的方案。这样既可以避免短线入场被套，也可以借助于升势持续地安心持股。

在实施回调时买入方案时，利用趋势线这种技术是一种不错的选择。趋势线可以让我们清晰地看到个股回调时的支撑位在何处。这样可以避免过早买入而降低波段利润空间，也可以避免出手过晚而错失回调低点的买股时机。

如图9-11所示，在济川药业2016年1月至11月的走势图中，自低位区开始，该股开始缓慢地震荡上行。此时，可以画出一条倾斜向上的趋势线，其较为平缓，既指明了趋势运行的方向，也指出了中线回调买入的低点。

如图9-11所示，一波回调之后，虽然股价短期内跌破了趋势线，但此时价格走势明显企稳，而且趋势的整体运行方向依旧未发生改变，个股也没有出现明确的中线反转信号。在这个累计涨幅不大、前期上升趋势较为明朗的情形下，这个短线回调后的企稳位置点就是我们中线逢回调后的最佳入场时机。

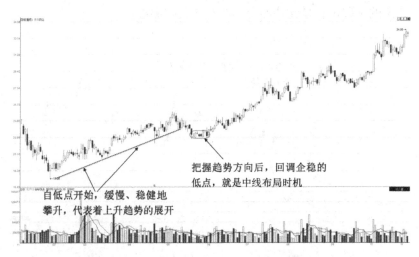

把握趋势方向后，回调企稳的
低点，就是中线布局时机

自低点开始，缓慢、稳健地
攀升，代表着上升趋势的展开

图9-11　济川药业2016年1月至11月的走势图

9.3.3　提防非有效突破

放量突破是一种常见的上攻行情，它在很多时候预示着一波行情的开启。主力正是利用投资者这种固有的思维习惯，在出货时，刻意制造突破迹象，进而吸引追涨盘入场，从而实现逢高出货。这是主力多出货常见的手法，但主力既然是出货，就一定会反映到盘面上。

首先，假突破形态由于没有足够的、连续的买盘推动，注定其突破上升只是昙花一现。

从量能来看，非有效突破往往伴有主力的盘口突击放量行为，因此，投资者可以从分时图或量价关系中发现线索。

最后，非有效突破形态多出现在个股累计涨幅较大的位置点，或者是在大盘持续下跌背景下，此时的突破被极大地挤压，参与追涨的风险显而易见。

如图9-12所示，在山鹰纸业2016年9月至2017年4月的走势图中，在宽幅震荡上扬过程中，该股于2017年2月23日出现了放量大阳线的突破形态。当日放量幅度过大，而随后的几个交易日中，量能突然大幅度缩减。从量价图上来看，这属于脉冲式放量。结合随后几日的缩量滞涨情况来看，这是主力实施的提升出货手法，个股的突破也将是无功而返的非有效突破形态。

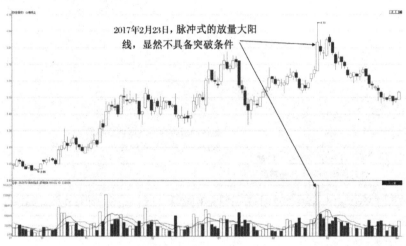

图9-12　山鹰纸业2016年9月至2017年4月的走势图

9.3.4　大级别波段买卖

股票市场往往呈大起大落状，一些个股的股性活跃，受股市大波动的影响，其上下震荡幅度往往极大。此时，结合大盘走势实施中线上的大波段买卖是一种不错的选择。这样既可以避免陷入短线追涨被套窘境，又可以适当加重仓位搏取高额回报。

如图9-13所示的为济川药业2015年4月至2016年5月的走势图。同期的大盘走势非常不稳定，这既与政策面的引导有关，也与市场情绪较为敏感有关。在大起大落过程中，该股为我们创造了中线级别上的低点布局机会和高点获利出局机会。

如图9-13中标注所示，2015年6月之后，因去杠杆政策、股市的前期涨速过快等多重因素叠加，出现了一轮系统性暴跌，但这明显是市场恐慌情绪过度释放的结果，短期的跌幅、跌速都是极为惊人，也正是在这种背景下，引发了一轮强势的反弹上攻，这确立了大级别波动下的低点与高点。

随后的走势，股市依旧十分不稳定，但是，在操作个股时，依照前期出现的高、低点，投资者就比较容易把握市场极端情绪宣泄下的买入卖出时机了。这就是之前大级别波动下形成的高点与低点。

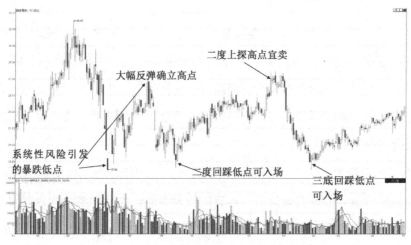

图9-13　济川药业2015年4月至2016年5月的走势图

9.4 资金调配方案选择

在股市中没有屡战屡胜的投资者，每一笔交易的成功率都是一个概率。想要在股市中长期生存下去并源源不断地获利，唯一的方法就是让自己的交易有较高的成功率，并尽可能地让成功的交易实现较高的利润回报。

对于成功的交易者来说，保证本金安全是最重要的，而保证本金安的最好方法就是资金管理。所谓资金管理就是指控制每笔交易投入的资金量，合理分配资金并以此控制风险，保存交易的实力。资金管理看似简单，却难以做到。很多投资者在实盘操作中，常常是重仓买卖，这虽然极有可能提高我们的收益率，但是却也成倍地放大了我们的交易风险。本节将介绍几种常见的资金管理方案。在了解了相关知识点之后，读者就可以结合自己的交易风格来适当改进，但前提是做好本金的保护工作。

9.4.1　保护本金的重要性

从长期来看，保守的交易作风更为可取。塔韦尔斯的《商品股票游戏》对资金管理这个问题有一番精彩的论述，他把保守的交易风格推崇为最终取胜之道："甲交易者成功的把握较大，但是其交易作风较为大胆，而乙交易者成功的把握较小，但是他能坚持保守的交易原则。那么，从长期看，实际上乙交易者取胜的机会可能比甲更大"。

不同的投资者偏爱于不同的技术分析方法，例如，有些投资者擅用量价分析，有的投资资者偏爱筹码分析，也有的投资者能较为准确地解读分时图形态。虽然技术分析的方法千差万别，但如果我们经过长时间地多跟踪几个成功的投资者，就会发现他们虽然在使用着完全不同的分析方法，但是这些迥然不同的分析方法并不影响他们的获利行为，这是为什么呢？

为什么很多投资者已经学习了很多的技术分析方法，也充分了解了它们的运用方法，却仍然无法获利，常常因股市的暴涨暴跌而深度套牢。其实，这里面的原因很简单，这就是我们没有一套良好的资金管理方案，也没很好的交易策略。在资金管理方案与交易策略这两者之间相比，资金管理方案更重要。

仔细琢磨，也确实如此。股票价格的未来走势充满着不确定性，市场的多空转换也往往迅即出现，我们可能完成了很多笔成功的交易，但是，一笔错误的重仓交易，就可能使得我们损失惨重，没有了充足的本金做为筹码，任凭技术能力再好，也是"无米之炊"。

9.4.2　（非）系统性风险与仓位

系统性风险在股票市场上体现为大盘指数的快速下跌，是一种个股普跌的市场格局。

由于个股普跌，投资者即使分散地买入了很多个股以规避单只个股利空的不利因素，也无法抵挡系统性下跌带来的风险。可以说，这种风险不能通过分散投资相互抵消或者削弱，因此又称为不可分散风险。

非系统性风险是一种与特定公司或者行业相关的风险。非系统性风险通常是由某一特殊的因素引起（如，如企业的管理问题、上市公司的劳资问题等等），与整个证券市场的价格不存在系统、全面的联系，而只对个别或少数证券的收益产生影响。由于非系统风险属于个别风险，是由个别人、个别企业或个别行业等可控因素带来的，所以股民可通过投资的多样化来化解非系统风险。通过分散投资，非系统性风险可以被降低，而且如果分散是充分有效的，这种风险还可以被消除。

在了解了系统性风险与非系统性风险之后，我们的中线方案也有了目的性。这就是仓位的调度：当股市整体高估时，此时系统性风险出现的概率较大，应控制好仓位，不宜重仓"搏傻"；反之，当股市整体处于明显低估状态时，若股市出现了企稳，此时可适当增加仓位，因为此时再度出现系统性风险的概率较低。

9.4.3　金字塔式加仓法

金字塔式加仓法也称为累进加码方法。这一方法主要应用在当投资者的大方向判断正确后，第一笔交易就产生的利润，但是第一次买进或卖出的资金较少，投资者可以在趋势明朗的过程中逐步加码。下面以个股步入上升趋势为例来说明累进加码方法的应用。

假设某投资者在A点买入，刚好买在了接近最低点的位置；随后，行情开始震荡上行，投资者认为这轮升势刚起步因而并不急于卖出，又在次高点B点进行了加仓。当行情涨至C点，投资者认为不过是这轮升势的中间点，于是再次加码扩大战果，临近顶部才开始卖出，获利出局。

正确应用金字塔式加仓法有如下三点是必须要注意的。

第一，赚钱时才加码，因为赚钱时加码是属于顺市而行，顺水推舟。

第二，不能在同一个价位附近加码。

第三，加码的份量只能是一次比一次少，这样才能保住前面的收益。如果加码份量一次比一次重，很可能会造成这样的结果，即一次加码错误就使以前的收益都损失掉，甚至出现亏损。

9.4.4 倒金字塔式减仓法

倒金字塔式减仓法与金字塔式加仓法正好完全相反，前者主要用在持股者仓位较重、个股或股市此时已处于高估状态，且趋势反转概率加大的情形下。下面以个股进入升势后半段或开启跌势为例来说明倒金字塔式减仓法的应用。

假设某投资者在A点减仓，刚好卖在了最高点或次高点；随后，行情再度震荡上扬、创出新高，投资者认为这轮升势已接近顶部，又在此高点B点进行了减仓；当行情如期反转、开始跌势后，跌至C点时，投资者认为这是这轮跌势的开始点，于是再次减仓或清仓离场。

正确应用倒金字塔式减仓法有如下两点是必须要注意的。

第一，股市或个股出现了反转信号、市场估值状态较高时才开始减仓，否则的话，属于逆市卖出，容易踏空。

第二，减仓时，应先卖出大部分股票，如2/3仓或1/2仓，再逐级减仓，否则一旦行情急转下行，因重仓持股将会损失惨重。应当是减码的分量起初较大，随后是一次比一次少，直至清仓。这样可以较好地锁定前面上涨行情带来的收益。